Pirmin Loetscher
MIT DIR ALLEIN BIST DU NIE ALLEIN

Pirmin Loetscher

MIT DIR ALLEIN BIST DU NIE ALLEIN

Warum du dich selbst am meisten brauchst

Giger Verlag

3. Auflage 2016
© Giger Verlag GmbH, CH-8852 Altendorf
Telefon 0041 55 442 68 48
www.gigerverlag.ch
Lektorat: Monika Rohde
Autorenfotos:
Andrea Diglas (Umschlag) und Herbert Zimmermann (Seite 2)
Umschlaggestaltung:
Hauptmann & Kompanie Werbeagentur, Zürich
Layout und Satz: Roland Poferl Print-Design, Köln
Druck und Bindung: GGP Media GmbH, Pößneck
Printed in Germany

ISBN 978-3-906872-01-8

Inhalt

Einleitung 169

»Allein sein« – Herausforderung unserer Zeit? 153

»Allein sein« heißt nicht »einsam sein« 139
    Sich einsam fühlen 139
    Einsamkeit 136
    Allein sein – mit dir selbst sein – bei dir sein 134

Wie gut kann ich allein sein? – Der Test 127

Wie gelingt es dir, allein zu sein in der heutigen
belebten Zeit? 115
    Übung 1: Sich von den eigenen Mustern zu
    lösen, bringt dich dir selbst näher 112
    Übung 2: Das Zauberwort heißt »Nein« 104
    Übung 3: Pläne machen ist langweilig 100
    Übung 4: Finde heraus, was dir guttut und tue
    mehr davon 95
    Übung 5: Probier's mal mit Gemütlichkeit 93

Inhalt

Übung 6: Entschleunige dich selbst 91
Übung 7: Wenn du verreist, reist du in dich 86
Übung 8: Allein zusammen sein – Das Alleinsein
in der Partnerschaft 78
Übung 9: Allein sein, heißt, sich aushalten zu
können 68

Die positiven Nebenwirkungen des »Alleinseins« 59
   Das Alleinsein stärkt dein Selbstbewusstsein 59
   Bei sich sein, allein sein, heißt auch, sich nicht zu
   vergleichen 54
   Wer allein sein kann, kennt sein Sein und seine
   eigenen Werte 51
   Wer allein sein kann, hat mehr Zeit 44
   Das Alleinsein fördert die Kreativität – ich handle
   aus mir heraus 42
   Dank dem Alleinsein zu mehr Achtsamkeit 40
   Allein sein = im Moment sein 38
   Das Alleinsein fördert die Intuition und den
   Zugriff auf schöpferisches Wissen 36
   Allein-sein = all-eins-sein – mit allem eins sein 21

Allein sein genießen – verabrede dich mit dir selbst ... 17

Dank 5
Über den Autor 1

»Gewöhnliche Menschen hassen die Einsamkeit,
doch der Meister nutzt sie, umarmt sein Alleinsein
und erkennt, dass er eins ist mit
dem ganzen Universum.«

LAO TZU

Einleitung

Bin ich etwa verrückt? Kann gut sein, denn ich beginne mitten im Zeitalter der weltweiten digitalen Vernetzung, ein Buch zu schreiben, dessen Inhalt die vielen Vorteile der Fähigkeit des »Alleinseins« propagiert. Gerade jetzt, wo sich in jeder Sekunde Millionen von Menschen durch die sozialen Netzwerke verbinden, sich austauschen und beinahe jede Handlung mit ihren virtuellen Freunden, die sie vielleicht noch nie persönlich getroffen haben, teilen. Gerade jetzt habe ich das Bedürfnis, Seiten an Seiten zu reihen, in denen es darum gehen soll, dass wir uns zuerst auf uns selbst konzentrieren und verlassen sollen, um uns dann erst vollkommen ehrlich, real und in dem für uns selbst verträglichen Maß mit der Umwelt verbinden zu können. Ich glaube, ich bin wirklich nicht ganz dicht!

Oder vielleicht doch nicht. Vielleicht war das Bedürfnis der eigenen Ruhe, des allein und bei sich seins, nie größer als heute? Haben wir den Zenit der ständigen Erreichbarkeit und der perfekten Selbstdarstellung im Netz bereits erreicht und sehnen uns wieder nach mehr digitaler Ruhe?

Oder sehnen wir uns so oder so nach uns selbst, unabhängig davon, ob ich ein Nutzer der digitalen Netzwerke bin oder nicht? Weil in der heutigen Zeit einfach alles schneller, besser, effizienter und optimierter passieren muss und wir mehr Zeit damit verbringen, das Leben zu organisieren, als es zu leben? Überoptimieren wir uns ständig selbst, um es allen und allem recht zu machen und um am Tag unseres Todes perfekt zu sein? Oder sehnen wir uns viel eher wieder, genug Mut an den Tag zu legen, um unsere eigenen Bedürfnisse und Wünsche auszuleben? Ist der Wunsch nach Selbstentfaltung wieder größer geworden als der Wunsch der perfekten Selbstdarstellung und Fremdbestimmung?

Wollen wir uns selbst wieder erlauben, nicht perfekt zu sein, mal nicht alles perfekt machen zu müssen, mal einfach so gut zu sein, wie wir gerade sind? Wird es uns selbst wieder wichtiger, dass wir unsere Selbstoptimierung, in der wir uns ja ständig befinden, anstatt an den Werten der Gesellschaft, an unseren eigenen Werten und Vorstellungen ausrichten?

Wollen wir einfach wieder mehr Zeit für uns selbst, in einem Alltag, in dem wir alles auf die Reihe bringen müssen und wir ständig das Gefühl haben, der Tag hätte zu wenig Stunden? Warum sonst sollte dieses Buch überhaupt jemand interessieren?

Vielleicht tut es das auch nicht, aber trotzdem hat dieses Buch den Weg zu dir gefunden. Und wenn du es nun schon mal in den Händen hältst, nütze ich doch einfach

Einleitung

die Gelegenheit und lasse meinen Zeilen freien Lauf. Ich bin kein Prophet, Prediger, noch ein Missionar, aber ich empfinde gerade das große innere Bedürfnis, über das *Alleinsein* und *bei sich sein* zu schreiben. Und das nicht nur, weil ich es selbst gern bin, sondern auch, weil ich es in den letzten Jahren immer mehr auch bei meinen Mitmenschen als kostbares Gut wahrnehme, als Schlüssel für die eigene innere Zufriedenheit und gleichzeitig als eine Art Luxusartikel des heutigen Jahrtausends. Allein sein ist nicht mehr selbstverständlich, wir müssen etwas dafür tun, es braucht eine Handlung, eine Entscheidung, und zwar nur von uns selbst.

Früher war es umgekehrt, da hat man die Entscheidung getroffen, die Einsamkeit zu verlassen und sich mit Menschen im Dorf, in einer Stadt zu verbinden. Heute sind viele Freizeitaktivitäten darauf ausgerichtet, sich zurück an Orte der Stille zu begeben, an einen einsamen Strand, in den Wald oder auf einen Berg, um die vielen Verbindungen für einen Moment aufzulösen. Waren vor paar Jahren die geposteten Bilder in den sozialen Netzwerken noch mehrheitlich mit Menschengruppen bestückt, findet man heute auf den Seiten immer mehr Fotos von einem Menschen in der Natur oder nur Bilder der Natur. Daher sind die sozialen Netzwerke auch gleichzeitig Sprachrohre der Gesellschaft, oft erkennen wir im Wandel der Beiträge deren Bedürfnisse und Wünsche. Also, seien wir doch alle ein bisschen verrückt und folgen wir einem eigentlich für den Menschen nicht neuen Bedürfnis, das für mich schon seit vielen Jahren, ich glaube, seit ich denken kann, immer auch ein eigenes Bedürfnis war: Allein zu sein!

Bevor wir uns aber der Thematik widmen, möchte ich euch kurz erzählen, wie ich auf diese Idee kam, gerade in der heutigen Zeit über das Alleinsein zu schreiben. Dahinter steht eine kleine Geschichte, und eigentlich war es ein purer Zufallseinfall, obwohl es ja keine Zufälle gibt, oder?

Also, wir schreiben den 28. November 2015, ein gemütlicher verschneiter Samstagabend des Jahres im Hotel Wetterhorn Hasliberg, ein kleiner Wintersportort im Herzen der Schweiz. Ich treffe mich hier mit meiner Verlegerin, um die weiteren Projekte zu besprechen, gemütlich zu Abend zu essen und ein gutes Fläschchen Wein zu trinken. Wir sprechen über dies und das, was wir alles so vorhaben, und irgendwann fragt sie mich: »Was ist eigentlich das Thema deines nächsten Buches?« Wir haben vor Wochen schon einmal über ein drittes Buch gesprochen und nun wollen wir Nägel mit Köpfen machen. Heute soll das Buch eine erste Richtung erhalten und gleichzeitig soll dieses Gespräch den Startschuss für mein Schreiben bedeuten. Ich sagte ihr, dass ich gerade noch nicht so weit bin, um das Thema fix zu bestimmen. Dass ich zwar intuitiv einige Richtungen sehe, wo es hingehen könnte, aber ein definitives Thema hätte ich noch nicht. Eins sei aber sicher, die Intuition solle bei diesem Buch ihren Platz finden, weil sie einen großen Teil meines Lebens und meiner Arbeit ausmacht. Und je mehr ich auf sie höre, umso mehr ich ihr vertraue, umso besser entwickelt sie sich, meine Intuition.

Aber ob das auch das Thema des neuen Buches wird? Ich wusste es in dem Moment nicht, weil ich genauso intuitiv wahrnahm, dass da noch etwas kommen wird, woraus sich der Buchtitel und der Hauptinhalt ergibt. Wir haben noch zwei, drei Stunden weitergeredet, verschiedenste mögliche Inhalte angesprochen, einen für das Haus bekannten Heuschnaps getrunken und gingen dann seriös um circa 22 Uhr in unsere Zimmer. Auf dem Balkon habe ich dann noch ein bisschen die frische Winterluft und mich selbst genossen und mich dann bald schlafen gelegt.

Im Normalfall schlafe ich tief und ohne größere Pausen durch, doch in dieser Nacht wachte ich um circa 2 Uhr morgens auf und meine Intuition bestückte meinen Verstand mit beinahe allen Inhalten dieses Buches. Ich weiß, es hört sich vielleicht verrückt an, und wie wir bereits festgestellt haben, bin ich das ja eventuell auch – wer weiß das schon –, aber ich konnte es in dem Moment selbst kaum glauben. Ich war rund zwei Stunden wach und habe in den zwei Stunden stichwortartig den Titel und einzelne Inhalte runtergeschrieben, sodass ich am Morgen meiner Verlegerin beim Frühstück sagen konnte, wie das Buch heißen soll und worum es darin geht. Meine Finger konnten gar nicht so schnell schreiben, wie mir Themen und Texte hochschossen. Wow, war das eine verrückte und produktive Nacht, gib mir mehr davon! Ich mag das.

Einleitung

Als es um circa 2 Uhr morgens losging, kam mir als Erstes das Zitat von Lao Tzu von der Eingangsseite in den Sinn. Es ist gut 15 Jahre her, seit ich es zum ersten Mal gelesen habe, das war nach der Trennung von meiner damaligen Freundin. Ich wusste damals nicht, ob dieses Zitat in mir Glücksgefühle auslöste, weil ich wieder allein war und mich gut damit fühlte, oder weil mich die Wahrheit und Kraft des Zitates im Tiefsten berührte. Heute weiß ich, dass es beides war, weil ich erstens für mein Leben gern allein bin und zweitens, weil in diesem Satz für mich so viel Wahrheit und Kraft liegt. Ich hatte nie Probleme damit, allein zu sein, und fühlte mich dabei auch nie einsam, wobei zwischen diesen beiden Gefühlen auch noch ein großer Unterschied besteht.

Trotz des Unterschieds verbindet diese beiden Ausdrücke jedoch etwas, denn erst, wenn ich mich nicht einsam fühle, kann ich allein sein, bei mir und mit mir sein, und alle Vorteile daraus nutzen, oder, wie es Lao Tzu in seinem Zitat sagt, zum Meister werden. Zum Meister meines eigenen Lebens, meiner Entscheidungen, meiner Entfaltung. Erst wenn du du selbst sein kannst, dich aushalten, kannst du dich selbst vollends annehmen und für dich selbst deine Zukunft und dein Glück erschaffen.

Gerade in der heutigen Zeit, in der wir uns nicht nur mit echten Menschen direkt 1:1 umgeben, sondern uns auch virtuelle Freunde angeln oder uns mit Freunden im Netz verbinden, ist es noch schwieriger, mal wirklich allein

Einleitung

zu sein. Es braucht einige Schritte und auch Wille und Mut, um das Alleinsein wieder zu lernen, denn wenn wir allein sind, müssen wir uns auch mit uns selbst beschäftigen, mit uns selbst wohlfühlen und uns selbst aushalten können, was nicht immer angenehm ist, viele Menschen wollen das dringend vermeiden. Wenn wir uns mit uns selbst beschäftigen, können auch Dinge in uns hochkommen, die wir vielleicht seit Jahren unterdrücken, indem wir uns ständig von uns ablenken und uns sooft es geht anderweitig beschäftigen, mit allem Möglichen, nur nicht mit uns selbst.

Diese Gefühle, die uns beim Alleinsein erreichen können, sind, wie gesagt, anfangs vielleicht nicht gerade die angenehmsten und lustigsten. Aber ihnen auszuweichen, ist keine Lösung. Um mit mir im Einklang zu leben, muss ich die Gefühle durchlaufen, um sie als Teil von mir annehmen zu können. Oft weißt du gar nicht, warum du dich allein nicht wohlfühlst, aber alle damit verbundenen Emotionen sind die Sprache deines Ichs, dein eigener Spiegel, als würdest du dich im Moment des Alleinseins fragen: »Wie geht es dir?«, und darauf eine direkte Antwort erhalten.

Oft, wenn uns andere Menschen fragen, wie es uns geht, antworten wir mit »blendend« und blenden damit gleichzeitig auch uns selbst, denn in den Momenten des Alleinseins zeigt uns unser Inneres, dass es uns alleine, ohne dass wir in Gesellschaft sind, gar nicht so gut geht, dass wir uns verlassen, verletzt oder einsam fühlen. In Wahrheit sind wir dann vor allem von uns selbst verlassen worden, denn weil wir uns allein nicht mehr aushalten, entfremden wir uns von unserem eigenen Selbst und suchen uns in der Gesellschaft mit unseren Mitmenschen. Oft kennen wir dann unsere Freunde besser als uns selbst. Wir können zwar immer mit anderen Menschen über unsere Gefühle, unsere Leiden oder Sorgen sprechen, und sie können uns auch auf unserem Weg begleiten, aber Sorgen und Leiden annehmen, sie durchleben und sie loslassen, dass können nur wir selbst. Und darum ist ein Schlüssel zur Selbstfindung und eigener Zufriedenheit auch das Alleinsein.

Unsere Erlebnisse und die damit verbundenen Emotionen, ob gut oder weniger gut, gehören zu uns, und sie machen uns auch aus. Aber es liegt an uns, ob wir diese Erlebnisse verdrängen oder ob wir sie als Teil von uns selbst annehmen, die Lehren daraus ziehen und uns weiter an unserem eigenen Leben, das in jedem Moment stattfindet, beteiligen wollen. Und ich spreche hier nicht nur von den weniger schönen Dingen, auch die schönsten Dinge, die uns geschehen, können uns daran hindern, dass wir uns nicht weiter nur mit uns selbst beschäftigen können. Zum Beispiel kann eine wunderschöne Liebesbeziehung uns daran hindern, dass wir allein noch die Schönheiten des Lebens genießen können. Sobald der Partner nicht in meiner Nähe ist, fühle ich mich nicht ganz. Dabei sollte ich mich doch auch allein als Ganzes erkennen, eine harmonische Beziehung sollte meine Schöpfungskraft multiplizieren, die Beziehung sollte mich als Einzelperson fördern und nicht zurückhalten und blockieren oder minimieren. So oder so sollten die Menschen in meinem Umfeld nicht dafür da sein, damit ich ihnen nachlaufen kann, sondern sie sind da, um mich zu inspirieren, mir Mut zu geben, um mich selbst in meinem eigenen Leben leben zu wollen. Wir sollten nicht das Leben unseres Umfeldes leben, sondern den Mut haben, unser eigenes Leben zu leben.

Wenn ich mein eigenes Leben lebe und allein und bei mir sein kann, dann bringt mir das so viele kostenlose Vorteile, wie zum Beispiel die bessere Wahrnehmung der Intuition oder auch einen vereinfachten Zugang zum schöpferischen Wissen. Das klingt jetzt vielleicht gerade extrem spirituell, ist es aber nicht, versprochen. Es ist das Normalste, aus dem wir uns als Kind noch viel mehr bedienten, und es war für uns die einfachste und logischste Sache dieser Welt, ohne dass wir uns dessen bewusst waren. Alles, was ich hier schreibe, ist in Wahrheit die einfachste und normalste Sache, nämlich dass wir mit uns selbst nie allein sind, sondern erst recht verbunden mit allem, was um uns herum liegt, nämlich dann, wenn wir mit uns selbst sein können. Ich bin eigentlich gar nicht fähig, hier etwas zu schreiben, was nicht einfach ist, dazu ist mein Verstand zu bescheiden, aber er passt mir so, wie er ist. Also vertrau mir oder besser gesagt, vertrau dir, du weißt schon alles, hast es nur für den Moment vergessen, aber es gibt da ein Medikament, das dir hilft, wieder dich und dein Wissen zu entdecken, und das tolle Nebenwirkungen mit sich bringt. Das Medikament heißt »allein sein«!

Einleitung

Bevor wir aber nun loslegen, gibt es noch ein paar grundsätzliche Sachen zu sagen, auch etwas zu meiner Person. Einfach fürs Protokoll und für diejenigen, die zum ersten Mal ein Buch von mir lesen.

Wie in meinen ersten beiden Büchern werde ich euch mit »du« ansprechen, weil ich auf jegliche Klassifizierungen verzichten möchte. Wir alle sind Meister unseres Lebens, und wenn ich hier nur die männliche Form schreibe, meine ich natürlich immer auch die Frauen mit. Wer mich kennt, weiß, dass ich die Frauen liebe und sie nie im Leben ausstoßen würde. Für alle, die mich nicht kennen, hier ein kurzer Zusammenschnitt zu meiner Person. Ich bin Pirmin, im Moment rund 38 Jahre alt, in der Schweiz aufgewachsen, habe ursprünglich Maurer gelernt und dann in verschiedensten Berufen gearbeitet, vom Securitas bis zum Geschäftsleitungsmitglied einer Produktionsfirma, und bin zudem seit rund 20 Jahren selbständig in den Bereichen Kulturmanagement sowie Coaching.

Ich habe in den Jahren noch die eine oder andere Aus- und Weiterbildung absolviert, war aber nie ein superguter Schüler und empfand die Praxis immer lehrreicher als die Theorien. Ich habe immer daran geglaubt, dass, wenn ich Spaß bei dem habe, was ich mache, ich auch davon leben kann. Die Schulen, Ausbildungen und Weiterbildungen gaben mir einige Werkzeuge mit auf meinen Weg. Mein Tun gibt mir meine Lebensenergie, den Willen und die Freude, etwas zu erschaffen. An der Stelle ein großer Dank an mei-

Einleitung

nen langjährigen Freund Robert Niederer, er hat mir vor gut 20 Jahren gesagt: »Tu, was du tust, mit Herz, und du wirst damit Erfolg verdienen.« Ich bin auch dank ihm zur Überzeugung gelangt, dass es mir nicht viel nützt, wenn ich alle Theorien der Welt lerne, aber keine Freude am Leben habe, um daraus etwas machen zu wollen. Das klingt jetzt plump, ist aber so. Geld war nie der Antrieb meines Handelns, die Freiheit, das tun zu können, was mir entspricht und wo ich meine Passion spüre, dass ist mein Luxus.

So habe ich mich die Mehrheit meiner Lebenszeit darauf konzentriert, das zu tun, was mir auch schon in meiner Kindheit viel Freude gemacht hat: Das Organisieren von Events verschiedenster Art. Begonnen hat das bereits als Jugendlicher, als ich in meiner Freizeit Kinderdiscos oder Kinderkino organisierte. Das ging dann halt einfach so weiter, als ich erwachsen wurde, dann wurden es eben Events für Erwachsene. Ich habe mein Hobby zu meinem Beruf gemacht, wie man so schön sagt. Und mein Antrieb war immer, Menschen zum Lachen zu bringen, zu versuchen, ihnen ein bisschen Freude zu bereiten. Ich bin nicht der Einzige, der diesen Antrieb hat. Eigentlich steckt in jedem Beruf der gleiche Anspruch, etwas zu tun, was uns Menschen das Leben vereinfacht, und sie so glücklicher zu machen.

Ich bin also hauptsächlich im Eventbereich tätig und mein Lohn ist es, wenn ich die Menschen lachen und applaudieren sehe. Dieser Lohn ist weitaus erfüllender als das

Geld, das ich mit den Events verdiene. Geht ein Event in die Hose und die Menschen sind nicht glücklich beim Verlassen des Lokals, dann macht es auch keinen Spaß, das Geld, das ich mit dem Event verdient habe, auf dem Bankkonto zu sehen. Ich würde mich dabei nicht wirklich wohlfühlen, wenn ich das Geld für meine Arbeit nicht »verdienen« würde, sprich, wenn ich wüsste, dass ich es »ungerechtfertigt« erhalte. Dann hätte ich mir schon lange gesagt »Augen auf in der Berufswahl«.

Aber eigentlich habe ich die ja immer offen, weil mich so viele Berufe interessieren und ich immer wieder neue Dinge ausprobiere, wie eines Tages auch das Schreiben von Büchern. Ich wollte einfach mal eines schreiben, ungeachtet ob ich das kann oder nicht. Ich bin weder Arzt, noch habe ich Psychologie studiert. Aber ich hatte das Bedürfnis, meine persönlichen Erfahrungen, die ich im Leben gemacht habe, sozusagen direkt aus der Praxis, und auch die Erkenntnisse aus den Coachings, die ich seit gut zehn Jahren leite, niederzuschreiben. Wenn diese Texte einem einzigen anderen Menschen in irgendeiner Form helfen können, dann ist mein persönliches Ziel erreicht. Auch ich durfte schon einige Bücher lesen, wo mir die Erfahrung eines anderen Menschen für mein Leben geholfen hat, und weil ich überzeugt bin, dass wir unsere Erfahrungen und nicht nur unsere Bilder auf Instagram teilen sollten, schreibe ich sie hier nieder. Ganz klassisch, ohne Push-Nachrichten, und so, damit du weiterlesen kannst, auch wenn der Akku deines Smartpho-

Einleitung

nes gerade leer ist. Was ja für viele Menschen in der heutigen Zeit eine beängstigende Vorstellung ist. Wie oft habe ich schon Menschen in Restaurants gesehen, die beim Personal panisch nach einem Ladegerät für ihr Smartphone fragten. Dabei ich habe festgestellt, dass Ladegeräte verschiedenster Art in der heutigen Zeit an Rezeptionen von Restaurants und Hotels zur Grundausstattung für ein Rundumsorglospaket für den Gast gehören.

Ein leerer Akku hat schon manche kurzfristige Lebenskrise ausgelöst, dabei ist die »Offlinezeit« eine der schönsten Zeiten, wir müssen nur bereit sein, in sie einzutauchen. In ihr können wir wieder viel eher unsere eigenen Akkus aufladen als die unserer elektronischen Unterhaltungs- und Kommunikationsgeräte.

So, das muss jetzt erst einmal reichen mit Informationen über mich, ich möchte in diesem Buch ja nicht über mich schreiben, sondern für dich und dein Alleinsein. Dazu gibt es noch einiges an Zusatznutzen obendrauf, die du als positive Nebenwirkung des Alleinseins gratis mit dazu bekommst. Aber ich möchte jetzt nicht schon die Katze aus dem Sack lassen, etwas spare ich mir für später auf. Eins sei aber an dieser Stelle noch gesagt: Keine Angst, es geht in diesem Buch nicht darum, dass wir alle wieder zu Einsiedlern werden, sondern darum, welche Vorteile es mit sich bringt und wie du im Zusammenleben mit anderen Menschen davon profitieren kannst, wenn du allein, bei dir und in Gesellschaft mit dir sein kannst. Schlussendlich geht es, wie bei allen meiner Buchthemen, um die Balance: Hier nun um die zwischen einem guten Gefühl beim Alleinsein und sich im gesellschaftlichen und sozialen Umfeld zu bewegen.

Also, ich wünsche dir viel Spaß mit diesem Buch und mit dir allein!

»Allein sein« – Herausforderung unserer Zeit?

Oh ja, ich bewundere den Fortschritt, der in den letzten Jahrzehnten in den Bereichen Wissenschaft und Technik stattgefunden hat, vor allem, was wir mit dem Internet erschaffen haben. Diese irgendwie nicht reale Welt, die uns auf so vielen Wegen hilft, uns in der Realität zurechtzufinden, und die so gar nicht mehr aus unserer aktuellen Realität wegzudenken ist. Die Möglichkeiten sind beinahe grenzenlos, wir können uns im Netz auf verschiedensten Ebenen Hilfe holen, sei es nur, um die Lust nach einer Pizza zu stillen, verlorene Freunde rund um den Planten wiederzufinden oder einfach gerade Vergessenes zu googeln. Wem ist es nicht auch schon passiert, dass wir in einer Diskussion mit Freunden über einen Film den Namen einer der Darsteller nicht mehr wussten? Google weiß es, schon werden unsere Rätsel gelöst und wir fühlen uns besser, weil wir nicht so hilflos im Raum stehen. Die Worte »ich habe es vergessen« zählen in der heutigen Zeit nicht mehr so stark. Habe ich etwas vergessen, hole ich mir im Netz die Antwort und vergesse dabei, dass wir selbst immer mehr vergessen oder nicht mehr abspeichern, weil wir das Wissen viel lieber im Netz speichern und dann abrufen, wenn wir es brauchen. Vorbei ist es mit den dicken Lexika. Dank des genialen Internets bleibt beinahe keine Frage unbeantwortet, unser Wissen und unsere Erfahrungen verteilen sich in Sekundenschnelle rund um den Planeten. Wir können uns immer und überall mit unseren Mitmenschen verbinden, ihnen jeden letzten Schrei mitteilen und uns mehr Freunde sammeln, als wir je alle mit Namen auswendig kennen. Einfach fantastisch, oder?

Neben all den neuen Möglichkeiten, die für uns viele Vorteile mit sich bringen, dürfen wir die Kehrseite des Fortschritts nicht ganz außer acht lassen. Wer tausend Freunde auf Facebook hat, fühlt sich in Wirklichkeit oft einsam, und wer ununterbrochen in den Netzwerken kommuniziert, kann sich selbst irgendwann nicht mehr spüren. Zudem gibt uns das Internet die Möglichkeit zur beinahe grenzenlosen Selbstdarstellung. Ich kann mich wunderbar inszenieren, anhand meiner perfekt geschossenen Selfies, kann zeigen, wie schön meine Ferien sind, und was ich für ein tolles Leben habe. Das Ganze löst aber gleichzeitig Druck in einigen von uns aus, weil diese Selbstdarstellungen zu einem unterbewussten Konkurrenzkampf um mehr Likes (angeklickter Gefällt-mir-Button) anspornt. Die Gefahr, sich ständig mit seinen Freunden im Netz zu vergleichen, ist größer geworden als noch zu Zeiten, in denen man sich einfach mit dem Nachbar verglich, wer wohl die schöneren Blumen im Garten stehen hat. Dadurch, dass wir uns beinahe minütlich im

»Allein sein« – Herausforderung unserer Zeit?

Netz vergleichen können, steigt auch der mögliche Druck auf uns selbst. Durch das Internet wurden die Möglichkeiten der täglichen Selbstdarstellung und der damit eröffnete Konkurrenzkampf schneller und intensiver denn je.

Wie schon erwähnt, ich begrüße und liebe den technischen Fortschritt, der uns so viele neue Möglichkeiten eröffnet, aber ich erlaube mir im gleichen Zug die Frage, wie es mit dem Fortschritt im Bezug auf uns Menschen aussieht. Haben wir, ähnlich wie die Technik und Technologie, Fortschritte gemacht oder sind wir zum Sklaven des Internets, der mobilen Daten, der ständigen Erreichbarkeit geworden? Tun uns die vielen Freunde rund um den Erdball gut oder können die vielen Kontakte uns auch in zeitliche Engpässe bringen? Ist die Gefahr größer geworden, dass wir uns durch die vielen tollen Bilder unserer Freunde im Netz ständig vergleichen und mit ihnen messen, anstatt uns auf uns selbst zu konzentrieren? Warum haben wir bereits direkt nach dem Aufwachen das Bedürfnis, an unser Smartphone zu gehen und die neuen Nachrichten, Mails oder News zu lesen, bevor wir überhaupt den Tag mit einem Blick aus dem Fenster begrüßt haben? Sind wir hilflos, wenn wir kein Netz, keine mobile Vernetzung haben? Sind wir zu den Opfern unserer eigenen Erfindungen und des damit verbundenen Fortschritts geworden?

Ich persönlich glaube es nicht, denn ich bin Optimist und sehe das Ganze positiv, wie ein kleiner Bub, der zu seinem vierten Geburtstag ein ferngesteuertes Auto bekommt.

Die ersten zwei Wochen ist das Auto sein Ein und Alles, er nimmt es überall mit hin, aber mit der Zeit lernt der Junge, dass ihn auch noch andere Dinge begeistern und inspirieren. Er liebt zwar noch immer sein ferngesteuertes Auto, aber er nimmt es nicht mehr mit ins Bett und kann es gut auch mal ein paar Tage aus den Augen lassen. Und genau das wird mit uns Menschen passieren. Wir haben uns neue Hilfsmittel fürs Leben erschaffen, loten die Grenzen aus, reizen sie förmlich aus und lernen mit der Zeit, wie wir in einem gesunden Rahmen damit umgehen können.

Ich erinnere mich noch an Artikel in den Zeitungen, da wurde der Fernseher verflucht, er würde unsere Jugend zerstören. Später waren es die Computerspiele und Gameboys. Heute schreiben die gleichen Zeitungen, dass es die Smartphones sind, die uns umbringen werden. Mal schauen, ob sie dieses Mal recht haben, ich glaube nicht. Zwar gibt es eine Statistik, die aussagt, dass 2014 insgesamt 49 Menschen starben bei dem Versuch, ein Selfie zu machen, oder sie wurden in einen Umfall verwickelt, während sie im Internet surften. Das waren im Jahr 2014 mehr Tote als durch Haiangriffe.

Surfen kann also auf verschiedene Arten zum Tod führen, obwohl ich beim realen Surfen nicht viel dafür kann, wenn mich ein Hai erwischt. Beim Surfen im Netz während ich über den Fußgängerstreifen laufe, liegt die Verantwortung schon eher bei mir, dass ich nicht überfahren werde.

»Allein sein« – Herausforderung unserer Zeit?

Ich kann mich erinnern, und das ist noch gar nicht so lange her, da gab es Zeiten, da war es cool, wenn man immer und überall erreichbar war, und man war wichtig, wenn man ein Handy am Ohr hatte. Langsam aber kommen Zeiten, da wird es verdammt cool sein, nicht erreichbar zu sein, oder besser gesagt, wir werden wieder auf reale Vernetzungen setzen, auf echte Kontakte und echte Gespräche. Die Off-linezeit wird als neues Luxusgut dieses noch jungen Jahrtausends gelten, und das Schöne an dem Luxus ist, jeder wird ihn sich leisten können, ob arm oder reich, man muss es nur wollen.

Diese Zeit hat übrigens bereits begonnen, für alle, die es noch nicht bemerkt haben. Die ersten Zeichen sind in der Gesellschaft schon erkennbar, es gibt immer mehr Menschen, die an den Wochenenden oder in den Ferien ihren Mail-Account und ihr Mobiltelefon ausschalten. Es gibt sogar Unternehmen, die das für ihre Mitarbeiter machen, weil sie festgestellt haben, wie wichtig die Offlinezeit für die Erholung ihrer Mitarbeiter ist. In Frankreich könnte es schon bald ein »Recht auf Unerreichbarkeit« geben. In den Vorschlägen zur Reform der Arbeitsgesetze ist vorgesehen, dass Angestellte ein Recht haben sollen, berufliche E-Mails und andere Nachrichten außerhalb der Arbeitszeiten zu ignorieren. Damit überhaupt solche Vorschläge für Reformen aufkommen, muss vorher eine Überdosis festgestellt worden sein, und dass die Lebens- und Arbeitsqualität durch diese ständige Erreichbarkeit leidet. Weil der Mensch – wie schon gesagt – gern auslotet, wo die Grenzen sind, wenn ihm etwas Neues vor die Nase gestellt wurde, braucht er manchmal auch Hilfe, wie das Beispiel zeigt, eventuell durch neue Gesetze.

Stell dir nur vor, wir hätten vor fast 200 Jahren, als gerade die ersten Telefone erfunden wurden, einem Menschen gesagt: »Hey, es wird mal cool sein, wenn wir nicht erreichbar sind, und es wird Gesetze geben, die diese Unerreichbarkeit regeln«, da hätte mancher vielleicht geantwortet: »Hast du einen an der Waffel, wir wünschen uns ja gerade nichts mehr, als Menschen auf der ganzen Welt zu erreichen und mit ihnen, wann immer wir wollen, reden zu können.« Schon verrückt, wie sich unsere Wünsche mit der Zeit ändern. Es gab ja auch Zeiten, da war es voll cool, ein Auto selber zu lenken und so richtig aufs Gas zu drücken. Am liebsten noch die Seitenfenster offen, den Arm angelehnt halb draußen, die Musik laut aufgedreht und die dunkle Sonnenbrille aufgesetzt. Nun sind wir gerade in der Zeit angekommen, wo es cool wird, ein Auto nicht mehr lenken zu müssen, sondern dass es von selber fährt und wir die Zeit anderweitig nutzen können. Die ersten Modelle, die das können, sind schon auf dem Markt, und vielleicht lachen uns die Menschen in 50 Jahren aus und sagen: »Wie dumm war das denn früher, da musste man noch selber Gas geben und lenken.« Dann werden uns vielleicht auch die schönen Fuchsschwänze und Doppelauspuffanlagen noch mehr verloren gehen, aber ich glaube,

»Allein sein« – Herausforderung unserer Zeit?

auf diese Zeitdokumente können wir schlimmstenfalls verzichten oder sie werden uns als Retro-Artikel wieder ins Leben gebracht.

Wenn ich mir also die Frage stelle: *Ist das Alleinsein die Herausforderung unserer Zeit?*, dann meine ich nicht nur wegen der ständigen Erreichbarkeit dank dem Internet, sondern auch, weil wir Menschen uns aus verschiedensten Gründen nicht mehr auf uns selbst verlassen, sondern uns oft lieber nach außen ausrichten als nach innen. Ich möchte also keinesfalls nur dem Internet die Schuld an unserem Ich-Verlust geben, denn wie gesagt, ich bewundere und liebe den Fortschritt. Und schließlich sind wir es selbst, die dieses geniale Netzwerk erschaffen haben und es täglich mit Inhalten füttern, damit es noch umfassender wird. Auch wenn nicht alles, was wir ins Netz stellen, wirklich sinnvoll ist. Auch da müssen wir noch lernen, was die Welt braucht und was nicht. Unser eigener Fortschritt bewegt sich auf ganz vielen verschiedenen Ebenen, in den letzten 100 Jahren hauptsächlich geprägt von der technischen Entwicklung, die uns das tägliche Leben auf so vielen Ebenen erleichtert. Allerdings liegt es immer an uns selbst, diesen Fortschritt sinnstiftend zu nutzen, die Grenzen auszuloten und zu unterscheiden lernen, was wir davon brauchen und was uns mehr schadet. Zu keiner Zeit gab es mehr Menschen, die an Erschöpfungszuständen und Burn-out litten, als heute. Das hat auch mit dem westlichen Wirtschaftssystem zu tun, das nur eine Richtung kennt: Linear nach oben! Mehr Wachstum, mehr Rendite, mehr Geld, mehr, mehr, mehr, schneller, höher, besser!

Aber das ist nicht die Realität des Lebens, es geht nicht immer nur nach oben, es kann auch mal nach unten gehen, mal wieder langsamer werden, was aber keineswegs negativ ist. Der natürliche Lebensweg verläuft nämlich wellenförmig. Was uns an unsere eigenen Grenzen bringt, ist, dass wir uns selbst einreden, unser Leben müsse wie die Wirtschaft linear ausgerichtet sein. Wir machen uns ständig Druck, noch besser, noch optimierter und noch organisierter das Leben zu planen, anstatt das Leben zu leben. Wir überoptimieren und überorganisieren uns, sodass fast kein Raum mehr für uns selbst übrig bleibt und wir nur mit Mühe Stille, Muße oder kreative Schaffensmomente zulassen.

Wichtig ist aber nur, dass wir nicht zu einem Stillstand kommen, denn Stillstand bedeutet Tod. Selbst in schwierigen Momenten oder im Moment der Ruhe, erschaffen wir Lösungen und Stille, die nicht Stillstand bedeutet. Alles ist immer in Bewegung, es ist ein ständiges Kommen und Gehen, aber anstatt anhand unserer Überorganisation und Kontrollwut alles immer im Griff haben zu wollen, dürfen wir uns auch mal wieder den Wellen des Lebens hingeben. Es gibt Kulturen, da wird das Leben dem Symbol des Kreises untergeordnet, sprich, alles dreht sich immer, ist in ständiger Bewegung, mit dem Unterschied zu

»Allein sein« – Herausforderung unserer Zeit?

unserer westlichen linearen Ausrichtung, dass die Bewegung weder nach oben noch nach unten zeigt, sondern immer wieder in die Richtung ihrer selbst, zum Anfang und Ursprung zurück.

Ob das Internet, Vereinstätigkeiten, unser Job, Familie oder Freunde – niemand anderes als du selbst kannst ausloten, was dir davon guttut, was dein Leben erleichtert und was es belastet. Vor allem kann das Internet nicht fühlen, oder zumindest zum Glück noch nicht, nur du selbst kannst deinen eigenen Gefühlen nachgehen, wenn du sie noch fühlst. Und es gab schon weiß Gott wie viele Erfindungen, die zwar fortschrittlich waren und uns als wichtiger Teil der Zukunft und als Lebenshilfe angepriesen wurden, jedoch bald schon wieder vom Mark verschwunden sind, weil wir Menschen es doch nicht so zwingend als Beitrag zum Fortschritt anschauten. Es gäbe da einige Beispiele, die wir aufzählen könnten, wie etwa die Taschenkettensäge oder die Teebeutelpresse. Das Internet ist eine geniale Erfindung und es wird bleiben und es werden täglich neue Funktionen und tolle Apps auf den Mark kommen. Auch wie wir in der Gesellschaft mit den Möglichkeiten im Internet umgehen, wird sich stetig verändern, und das liegt in unserer Verantwortung. Nur wir können für uns selbst entscheiden, wo die persönlichen Grenzen von Nutzen und Belastung liegen. Du kannst niemandem die Verantwortung dafür übertragen, es liegt nur an dir selbst.

»Allein sein« – Herausforderung unserer Zeit?

Es gibt Dinge, die dir im täglichen Leben helfen, und andere, die dich daran hindern, dein eigenes Leben zu leben. Aber die Entscheidungen fällst *allein du*! Nur du bist Herr und Meister über die Art und Weise, wie du mit dem Fortschritt umgehen möchtest. Durch das Alleinsein, dich aushalten können, dich folglich selbst wahrnehmen, kannst du deine eigenen Entscheidungen und Handlungen besser wahrnehmen und umsetzen, dich von Mustern lösen und dich auch von der ständigen mobilen Erreichbarkeit befreien. Du siehst also, du allein bist deine einzige Chance!

Aber versteh mich nicht falsch, trotz des vielen »Alleinsein-Geredes« bin ich das absolute Gegenteil eines Einsiedlers und lebe nicht in einer Holzhütte im Wald. Ich habe mit diesem Buch auch auf keinen Fall den Plan, dich in die Einsamkeit zu verbannen. Allein sein hat nicht viel mit Einsamkeit zu tun, denn wenn ich mit mir allein sein kann, kann ich mich erst wahrhaftig mit den Menschen um mich herum verbinden. Dann macht das Treffen mit Menschen erst wirklich Spaß, da ich keine Erwartungen in sie habe, dass sie mir die Zeit vertreiben oder sie mich als funktionierenden Menschen in der Gesellschaft bestätigen müssen. Kannst du nicht allein sein, dann hast du die ständige Erwartung, dass dich jemand unterhalten oder zumindest aushalten soll. Und wenn du das gerade nicht mit realen Menschen erleben kannst, dann dient dir der Kontakt mit dem Internet als passende Kompensation.

»Allein sein« – Herausforderung unserer Zeit?

Ich liebe die Menschen, das Zusammensein mit anderen und den Austausch mit ihnen. Aber nicht pausenlos, ob real oder im Netz. Ich liebe es nämlich genauso, einfach mit mir selbst zu sein und oder auch für mich selbst zu sein, auch wenn ich von anderen Menschen umgeben bin. Wenn ich mich nämlich aushalten kann, dann kann ich auch die Gesellschaft um mich herum aushalten, ohne dass ich einen direkten Kontakt benötige. Ich bin sehr gern allein unter Menschen, sitze einfach in einem Café am Straßenrand und genieße das Treiben um mich herum. Einfach meinen eigenen Gedanken und Eindrücken freien Lauf lassen und mich dem Lauf des Lebens hingeben. Mal einfach nicht alles durchgeplant und vororganisiert zu unternehmen. Diese Art des Alleinseins ist für mich genauso erholsam, wie an einem einsamen Strand zu sitzen. In meinen Beruf als Kulturmanager liebe ich es, Menschen zusammenzuführen, sie gemeinsam lachen zu sehen, aber auch da genieße ich es, wenn der Anlass vorbei ist, und alle mit einer guten Erinnerung oder Erfahrung heimgegangen sind, wieder allein zu sein.

Nach einem Event sind die Stunden danach allein für mich absolute Pflicht und ich nehme sie mir wie einen Verdienst. Das Gleiche gilt nach einem Meeting oder Coaching. Ich setze mich danach gern allein in mein Auto oder in den Zug und genieße einfach mich selbst. Anstatt direkt wieder aufs Smartphone zu schauen, ob ich wohl etwas verpasst habe, was auf der Welt gerade passiert ist, oder mich direkt wieder auf die E-Mails stürze, die in der Zeit reingerasselt sind. Mit dieser kurzen »schöpferischen Pause« gebe ich mir selbst einen Moment, um ganz bei mir zu sein und um so wieder Schwung für den Rest des Tages zu tanken. Der Austausch bei einem Meeting oder Coaching kann sehr positiv für mich sein, aber trotzdem oder gerade deshalb sind diese kleinen interaktiven Pausen doppelt wirksam, weil ich dann diesen Austausch positiv in mir aufnehme, es in mir setzen lasse, bevor ich mich den weiteren Aufgaben des Tages stelle. So bleibe ich in der Balance.

Alles, was ich schreibe, sind persönliche Erfahrungen und Ansichten, die ich mit dir teilen möchte und die dir vielleicht paar einfache Wege zeigen können, wie du dich wieder mehr auf dich selbst verlassen kannst, und damit du selbst es bist, der die Entscheidung für deine eigene Balance triffst. Du kannst natürlich auch unter Menschen sein und dich einsam fühlen, weil du vielleicht nicht du selbst sein kannst, du dich nicht als Teil der Gruppe wahrnimmst. Wenn du aber mit dir selbst sein kannst, Selbstvertrauen hast und deine eigenen Entscheidungen triffst, wird es schwieriger, dich aus der Balance zu bringen, und du wirst dich nicht einsam fühlen, wenn du in einer Gruppe bist. Selbst wenn die Gruppe vielleicht nicht gerade mit deinen Lieblingsmenschen bestückt ist. Du bist dir dann trotzdem genug, um dich und die Gruppe auszuhalten.

Darum ist ein Punkt ganz wichtig und zum hinter die Ohren schreiben: Wenn du dich selbst nicht aushalten kannst,

»Allein sein« – Herausforderung unserer Zeit?

wie sollen dich dann die Menschen um dich herum aushalten! Wenn du dich selbst nicht aushältst, du ständig außerhalb von dir Verbindungen suchst, wirst du zudem die Verbindung zu dir selbst nicht herstellen können. Und das ist jammerschade, denn in dir steckt so vieles, was dir für dein eigenes Leben und deinen Weg hilfreich sein kann. Nicht nur das, denn mit dem, was in dir steckt, kannst du andere Menschen inspirieren, und das erfüllt um einiges mehr, als wenn du dich nur von deinem Umfeld inspirieren lässt. Sich mehrheitlich nach außen zu orientieren und sich ständig mit der ganzen Welt zu verbinden, bevor du dich mit dir selbst verbindest, ist langfristig ungesund, weil du dann nicht dein Leben, sondern das Leben deines Umfeldes lebst. Studien zeigen, dass ältere Menschen im Altersheim auf die Frage, was sie am meisten bereuen, antworten: »Ich wünschte, ich hätte mehr Mut gehabt, mein eigenes Leben zu leben.« Also, fangen wir an, unser eigenes Leben zu leben, mit uns und durch uns.

»Allein sein« – ist das nun die Herausforderung unserer Zeit? Aus meiner Sicht schon, es ist sicher nicht die einzige, aber eine der aktuellen Top-5-Herausforderungen für uns Menschen. Und weil uns ja Herausforderungen weiterbringen, nehmen wir sie an und legen nun los!

*»Wenn man die Ruhe nicht in sich selbst findet,
ist es vergeblich, sie anderswo zu suchen.«*
FRANÇOIS VI. DUC DE LA ROCHEFOUCAULD

»Allein sein« heißt nicht »einsam sein!«

Eines möchte ich gleich klarstellen, damit es auf den folgenden rund 140 Seiten keine Missverständnisse gibt. Sich einsam fühlen und Einsamkeit ist nicht das Gleiche wie allein sein. Für mich sind das unterschiedliche Gefühle, und die solltest du erst einmal kennen, damit es kein Durcheinander gibt, wenn du meine Texte liest. Also gehen wir schön der Reihe nach.

Sich einsam fühlen

Damit beschreibe ich einen Zustand, den ich nicht freiwillig herbeigeführt habe, ich suche diesen Zustand und die damit verbundene Emotion nicht bewusst, und sie löst überwiegend negative Gefühle in mir aus. Diese Gefühle können durch ein plötzliches Ereignis entstehen, wie zum Beispiel einer Trennung vom Partner oder durch den Tod eines geliebten nahestehenden Menschen.

Dass man sich einsam fühlt, kann sich auch schrittweise einschleichen, zum Beispiel dann, wenn ich Teil einer Familie oder Gemeinschaft bin und die von mir gewünschte Beachtung und emotionale Zuneigung fehlt. Oder ich fühle mich einsam, wenn ich mich nicht mit mir selbst beschäftigen kann. Wenn ich das Bedürfnis habe, immer jemanden um mich herum zu haben, der mir vertraut ist oder mit jemanden in Kontakt zu stehen, damit ich mich nicht einsam fühle.

Dann kann ich mich selbstverständlich auch einsam fühlen, wenn ich mich in einem fremden Umfeld befinde, keine Familie oder Freunde habe. Wenn wir uns einsam fühlen, fühlt sich das oft an wie eine Leere und Hilflosigkeit, und genau da liegt der Hund begraben, denn eigentlich sind wir nie einsam, leer und hilflos, nicht einmal dann, wenn wir allein sind. Wir fühlen uns in den Momenten nur leer, weil wir uns und unser Leben anhand von Beziehungen nach außen ausgerichtet haben. Beispielsweise zu einem Menschen, zu einem Besitz oder zu einer Sache, und daher keine vertiefte Beziehung mehr zu uns selbst besteht. Wenn uns dann die Beziehung zum Außen genommen wird oder wir verlassen werden, fühlen wir uns einsam, weil wir nicht mehr zu uns selbst zurückfinden. Aber eigentlich bist du im Inneren nie einsam, denn wenn du verbunden bist mit dir selbst, bist du auch verbunden mit der Fülle deines Selbst, und damit wird dir nie langweilig. Dein Verstand kann sich einsam fühlen, dein Sein aber nicht.

Dieses Einsamkeitsgefühl können wir nur von innen heraus auflösen!

»Allein sein« heißt nicht »einsam sein!«

Es gibt also viele verschiedene Ursachen, warum du dich einsam fühlen und Formen, wie du das emotional wahrnehmen kannst. Wenn du dich einsam fühlst, ist das auf keinen Fall nur negativ, es ist ein Zeichen für dich, dass du anfangen solltest, wieder zu dir selbst zurückzukehren, bevor du dich weiter nach außen ausrichtest und neue Kontakte suchst, die dich davor bewahren sollen. So ist das »Sich-einsam-Fühlen« auch ein Auslöser zur vertieften Selbstfindung. Es zu durchleben hilft, sich selbst zu erleben, seine eigenen Gefühle wieder zu erleben und so sich selbst wieder zu erfahren.

Es kann gut sein, dass ich einerseits sehr gut allein sein kann, mich aber doch in paar besonderen Momenten oder Ereignissen kurzfristig einsam fühle. Das ist normal und kann wie ein plötzliches Hungergefühl auftreten, aber wie beim Hunger gilt es, etwas dagegen zu tun, sich selbst zu nähren, um aus dem Gefühl herauszukommen. Habe ich ständig Hunger und unternehme nichts dagegen, habe ich nicht die Energie für meinen Alltag. Genauso ist es auch mit dem Einsam-Fühlen, und der erste Schritt, um in solchen Situationen Kraft tanken zu können, ist, wenn ich das Alleinsein trainiere und mich von innen heraus mit mir selbst verbinde. Später in diesem Buch beschreibe ich einige Übungen, die dich bei diesem Prozess begleiten können. Sind allerdings Menschen aus meinem Umfeld dafür verantwortlich, dass ich mich nicht einsam fühle, dann werde ich mich spätestens dann wieder einsam fühlen, wenn sie mich verlassen, aus welchen Gründen auch immer.

Einsamkeit

Ein abgelegener Hof auf dem Land, ein ruhiger Platz im Wald, am See oder auf den Bergen – das sind nur einige Ort, wo man in Einsamkeit sein kann. Die dortige Einsamkeit kann eines von vielen Mitteln sein, um das Alleinsein wieder zu erlernen, denn in solcher Einsamkeit habe ich oft nicht viele andere Möglichkeiten, als mich mit mir selbst zu beschäftigen. Einsamkeit bietet dir also immer auch die Chance, um mit dir selbst in Gesellschaft zu kommen. Sie kann positive wie negative Gefühle auslösen.

Fangen wir bei den negativen Beispielen an, um das Thema dann mit positiven Gedanken zu verlassen. Beim »Sich-einsam-Fühlen« beschrieb ich ein Gefühl, das in uns selbst stattfindet. Mit dem Wort Einsamkeit verbinde ich einen Ort, an dem das Alleinsein stattfinden oder auch das »Sich-einsam-Fühlen« ausgelöst werden kann. Wenn dir das Alleinsein an sich schon schwerfällt, dann wird es dir in der Einsamkeit nicht einfacher gemacht. Dort kann es dich so richtig durchschütteln, und du willst dann nur noch eins, zurück in dein sozial belebtes und aus deiner Sicht sicheres Umfeld. Das Umfeld, dass dich scheinbar als Mensch und Teil einer Gruppe bestätigt, dass dir das Gefühl vermittelt, dass du nicht allein bist und dich nicht einsam fühlst. Wenn du dich aber allein wohlfühlst, dann kann die Einsamkeit dieses Gefühl noch positiv verstärken. Einsame Orte können dich zum Beispiel auch kreativ beflügeln oder dir ein-

»Allein sein« heißt nicht »einsam sein!«

fach als Erholungsort dienen, wenn du sie genießen kannst.

Für mich persönlich sind einsame Orte herrlich zur Besinnung, Inspiration und Kreativität, aber genauso ist mein soziales aktives Leben in der Gesellschaft die Inspiration für meine Bücher und mein Tun. Ich brauche die Balance, und für mich käme es nicht infrage, mich komplett in die Einsamkeit zurückzuziehen, da ich erstens, wie schon gesagt, Menschen liebe, und ich zweitens der persönlichen Meinung bin, dass wir unser Wissen teilen sollten, um der Erhaltung der Spezies und der Evolution gerecht zu werden. Wenn ich mich komplett von der Gesellschaft abkoppeln würde, würde dies gleichzeitig auch eine Flucht bedeuten. Die Flucht vor mir selbst und der Herausforderung, die mir das Leben in der Gesellschaft stellt. Aber wie immer, jedem das Seine, es gibt Menschen, die halten sich selbst nur in der Einsamkeit aus und für sie stimmt es.

Durch die neuen Technologien, wie unsere Smartphones, sind wir heutzutage doppelt gefordert, die Einsamkeit auch wirklich anzunehmen. Es nützt nicht allzu viel, wenn wir uns bewusst in die Einsamkeit begeben, um uns nur einige Minuten später wieder mit unseren Freunden über das Internet zu verbinden. Das Smartphone darf dich auf jeden Fall in die Einsamkeit begleiten, es kann dir in Notfällen ermöglichen, entsprechende Hilfe anzufordern. Aber außerhalb des Notfalls sollten wir die Einsamkeit auch überleben, ohne dass das Smartphone eingeschaltet ist und wir in ständiger Verbindung mit dem Rest der Welt stehen.

»Allein sein« heißt nicht »einsam sein!«

Allein sein – mit dir selbst sein – bei dir sein

Das Alleinsein, mit mir allein sein und bei mir sein, verbinde ich persönlich immer mit positiven Gefühlen. Ich will dir hier ja nicht eine Geschichte aufbinden, die dir am Schluss noch einen Rucksack voller Negativität mit auf den Weg gibt. Nein, nein, das will ich nicht, denn wenn du dich mit dir nicht einsam fühlst und du die Einsamkeit um dich herum aushalten kannst, endet das für dich beim Genießen des Alleinseins.

Im Gegensatz zum »sich einsam/allein fühlen« wird das Alleinsein freiwillig gesucht und wirkt befreiend und wohltuend. Wenn ich allein sein kann, kann ich mich nicht einsam fühlen, denn ich kann jederzeit mit mir und bei mir selbst sein, ich halte dann mich und auch die örtliche Einsamkeit aus und kann sie regelrecht genießen. Und so kannst du, auch wenn du unter Menschen bist, du sein, mit dir sein, weil du durch das Alleinsein deine Persönlichkeit besser kennenlernst und sie allein durch dich festigst. Wie schon im Buchtitel gesagt: *Mit dir allein bist du nie allein.*

In dir steckt ein volle Portion Leben, ein unglaublich ausgebildeter Verstand, und dir stehen alle Möglichkeiten offen, dich zu entfalten und dich mit allem zu verbinden. Dein Umfeld kann dich inspirieren, im positiven wie negativen Bereich, aber die Fähigkeit der Entfaltung ist in dir allein, und du musst dich nur auf dein Inneres richten.

»Allein sein« heißt nicht »einsam sein!«

Wenn du dich aber auf alles, was außerhalb von dir liegt, konzentrierst, deine Freunde, deine Kontakte oder auch deinen Besitz, dann wird das Ganze ein Spießrutenlaufen, da dann nicht du, sondern das Handeln deines Umfeldes und deine Orientierung nach außen die Marschrichtung vorgeben. Das passiert keineswegs bewusst, sondern schleicht sich langsam in deinen Lebensalltag ein. Wenn du aber wieder zu dir zurückkehrst, in dich kehrst und allein glücklich sein, bei dir und mit dir allein sein kannst, inspiriert dich dein Umfeld, aber du bist es, der daraus seinen eigenen Lebensweg formt, anstatt dem der anderen nachzulaufen. Du wirst allein auf diese Welt geboren, du lebst dein eigenes Leben allein und du gehst auch wieder allein von dieser Welt. Das ist eine Tatsache und ein ganz natürlicher Prozess dazu, weil du dich für die Wahrnehmung des körperlichen Lebens auf dieser Erde von Natur aus entscheidest, und dazu, dein Bewusstsein in deinem Körper zu begrenzen.

Das du dein Leben allein erleben musst, klingt jetzt vielleicht für dich wie eine Horrorvorstellung, ist aber in Wahrheit absolut wunderbar. Denn es bedeutet, dass du ganz allein die Möglichkeit hast, glücklich zu werden. Du brauchst niemand anderen dazu, du allein bist dein eigenes Glück und trägst es in jedem Moment in dir. Und du wirst es finden, wenn du mit dir sein kannst, wenn du dein Leben anhand deines Inneren ausrichtest. Folglich kannst du auch viele negative Gedankenformen wie Eifersucht, Habgier, Neid oder Hass ablegen, denn diese entstehen nur, wenn du dein Leben gegen außen ausrichtest. Lebe dein Leben in eigener Harmonie von innen heraus und beflügle dein Außen mit deinem Wesen.

Ich persönlich verbinde das Alleinsein, mit mir allein sein und bei mir sein immer mit positiven Gefühlen, sprich, dass es in dir positive Gefühle auslösen soll. Bei manchen ist die Suche nach dem Alleinsein allerdings negativer Art: Nämlich wenn man das Alleinsein sucht, weil man Angst vor der Gesellschaft hat, weil man den sozialen Kontakt meidet. Die Ursache dafür kann zum Beispiel ein unschönes Ereignis aus der Vergangenheit sein, das man als abweisende Emotion aufgenommen hat. Diese tief in einem festgefahrene negative Emotion führt dazu, dass man sich nicht mehr weiter der Gesellschaft stellt, man sich dauerhaft in die eigene Welt zurückzieht, da die Angst zu groß wird, dass dieses unschöne Ereignis/Gefühl erneut auftritt. Allein sein ist dann eine Flucht in einen selbst. Hier geht es darum, die Angst vor der Gesellschaft zu überwinden, die negative Erinnerung und die damit verbundene Emotion aufzulösen. Das macht man, indem man sie in sich annimmt, sie durchlebt, anstatt ihr auszuweichen. Man muss sich zuerst wieder selbst von innen heraus heilen, sich selbst als vollwertigen Menschen erkennen. Zum Beispiel, wenn du durch das Alleinsein, mit dir allein sein, deine Vollwertigkeit wiedererkennst und dich aber dann früher oder später wieder der Gesellschaft stellst. Wer ständig vor der Gesellschaft flüchtet, flüchtet gleichzeitig auch vor sich selbst.

»Allein sein« heißt nicht »einsam sein!«

Alleinsein und Selbstbewusstsein hängen stark voneinander ab, was ich im nächsten Kapitel beschreiben werde. Wie gesagt, am Ende ist es die Balance, und sich ein Leben lang zu verkriechen, ist auch keine Lösung. Zu schön ist das Leben, um ständig auf der Flucht zu sein, vor sich selbst oder vor der Gesellschaft.

Also noch einmal zusammengefasst die Unterschiede zwischen »sich einsam« fühlen, »Einsamkeit« und »allein sein – mit dir selbst sein«:

– Ein Mensch kann allein sein, wenn kein anderer um ihn herum ist, wenn er mit sich allein sein kann, auch wenn er unter Menschen ist, und wenn er bei sich und mit sich sein kann. Wenn ich allein sein kann, fühle ich mich selbst pudelwohl und brauche niemand anderen, um glücklich zu sein. Das Alleinsein ist ein absolut natürlicher Zustand und kann erfüllend sein, wenn du ihn zulässt.
– Ein Mensch fühlt sich einsam, wenn er andere Menschen um sich herum vermisst. Wenn du dich einsam fühlst, brauchst du einen anderen Menschen, damit du dich gut fühlen und glücklich sein kannst. Einsam fühlst du dich durch die Haltung eines negativen Geisteszustandes. Du bist nicht bei dir selbst, sondern orientierst dich ständig an anderen oder dem, was außerhalb von dir liegt. Du suchst ständig nach etwas oder jemanden, der dich glück-

lich macht, gibst dein Leben aus den eigenen Händen und machst dich von deinem Umfeld abhängig. Du wendest dich unbewusst von dir selbst ab und so fehlt dir etwas, nämlich du selbst. Und wenn du eines Tages anfängst, nach dir zu suchen, dann fängst du oft nicht bei dir selbst an, sondern du suchst zuerst mal außerhalb von dir, vielleicht bei einem anderen Menschen oder vielleicht über einen Besitz, in der Hoffnung, dass du dich da wiederfindest. Beides kann dir zusätzliches Glück und Freude bereiten. Aber nur, wenn du dich selbst erkennst und lebst, wirst du das Glück vollkommen von innen heraus erfahren können.
– Wenn ich von Einsamkeit spreche, dann meine ich eine Örtlichkeit, die mir erlaubt, bei und mit mir selbst zu sein. Die Einsamkeit kann ich bewusst und in positiver Form suchen oder sie kann mich in negativer Form überfahren, dann halte ich sie nicht aus.

Wer allein mit einsam verwechselt,
der hält auch Stille für lautlos.
HERMANN LAHM

Wie gut kann ich allein sein? Der Test

Die Stunde der Wahrheit ist da und du wirst getestet! Keine Angst, ich habe hier einfach ein paar Fragen zusammengestellt, die dir helfen können, dich selbst zum Thema dieses Buches zu reflektieren. Wenn du Lust hast, die Fragen zu beantworten, machst du das nur für dich allein. Weder gibt es am Schluss eine Auswertung, noch werden Noten verteilt. Es geht wirklich nur darum, dass du für dich selbst erkennen kannst, wo es für dich schwieriger wird und wo und wann es vielleicht leichter ist, allein zu sein, oder auch, wann du dich aushalten kannst und wann eben nicht. Und wie gesagt, es geht um die Balance und nicht darum, dass wir alle als Einsiedler leben. Der Test kann dir zeigen, ob du vor sozialen Kontakten zurückscheust, oder ob du aus Angst viel allein bist. So oder so, versuche die Fragen möglichst ehrlich zu beantworten, denn du machst den Test für dich, und falls du Prüfungsangst hast, nennen wir es einfach Selbstreflexionsübung.

Also viel Glück und gutes Gelingen!

Frage 1: Ich plane meine Freizeit ab und zu auch nur für mich allein, gehe zum Beispiel ins Kino, ohne dass ich jemand dabei haben will.

A Ja, absolut.
B Ab und zu schon.
C Nein, allein etwas zu unternehmen kommt mir nicht in den Sinn. Das wäre ja voll langweilig und ich würde mich unter so vielen Leuten allein auch nicht wohlfühlen.

Frage 2: In meiner Freizeit schalte ich mein Handy aus oder lege es auch mal auf die Seite.

A Ja, dann bin ich froh, wenn ich meine Ruhe habe.
B Ab und zu schon.
C Nein, ich will erreichbar sein und auch schauen, was meine Freunde im Netz so machen.

Frage 3: Wenn ich allein unter Menschen bin, zum Beispiel in einem Café, dann kann ich mich gut mit mir selbst beschäftigen, das Geschehen beobachten oder eine Zeitung lesen, ohne dass ich gleich jemandem eine SMS schreiben oder mich sonst auf eine Weise mit meinem Smartphone beschäftigen muss.

Wie gut kann ich allein sein? – Der Test

A Nein, da werde ich schnell unruhig, ich halt es fast nicht aus.
B Ja, das geht schon, aber nach einer Zeit kann mir dann doch langweilig werden.
C Absolut kein Problem für mich, ich genieße einfach mich selbst.

Frage 4: Ich verwöhne mich selbst gern mal, wenn ich allein zu Hause bin. Zum Beispiel nehme ich ein gemütliches Bad, koche etwas Feines und genieße einfach die Ruhe für mich selbst.

A Oh ja, dass mache ich richtig gern.
B Ab und zu geht das, solange ich weiß, dass ich nicht immer allein sein werde.
C Niemals.

Frage 5: Am liebsten würde ich alles mit meinem Partner zusammen machen.

A Oh nein, das wäre mir zu eng, das würde mir auf den Keks gehen.
B Eigentlich schon, aber wenn er/sie nicht will, geht es auch allein.
C Oh ja, dass wäre schön.

Frage 6: Am Mittag oder Abend gehe ich auch mal allein in ein Restaurant essen, wenn ich ein bisschen geistige Erholung brauche von meiner hektischen Arbeit.

A   Ja, ich liebe es, mal allein und in Ruhe etwas essen zu gehen.
B   Warum nicht, ab und zu macht mir das nichts aus.
C   Sicher nicht, da komme ich mir total blöd vor so allein am Tisch. Dann denken die anderen ja vielleicht, ich hätte keine Freunde.

Frage 7: Mit meinen Freunden habe ich täglich Kontakt, und wenn ich auf eine SMS ein paar Stunden keine Antwort bekomme, löst das in mir ein unangenehmes Gefühl aus.

A   Nein, ich messe meine Freundschaften nicht anhand der Regelmäßigkeit, sondern anhand der Tiefe. Auch wenn ich von manchen Freunden lange nichts höre, kann ich mit ihnen eine gute und bedingungslose Freundschaft führen.
B   In schwierigen Situationen bin ich froh, wenn meine Freunde mir rasch antworten und sie für mich da sind, sie geben mir Sicherheit.
C   Ja, es ist mir wichtig, dass ich mit meinen Freunden im ständigen Kontakt bin, damit ich weiß, wie es ihnen

geht, und auch dass sie wissen, was ich gerade so mache und wie es mir geht.

Frage 8: Nach meiner letzten Beziehungstrennung hatte ich sofort einen neuen Partner.

A Nein, ich wollte unbedingt zuerst wieder ein bisschen allein und für mich sein.
B Nicht direkt, aber es ging schon recht schnell.
C Ja, das war so, der neue Partner hat mir geholfen, den Schmerz der Trennung zu überwinden. Er hat eine Lücke in mir gefüllt.

Frage 9: Ich genieße es, in Ruhe einfach dazusitzen und meinen Gedanken nachzugehen.

A Das kann ich gut.
B Ab und zu schon.
C Oh nein, die Ruhe macht mich wahnsinnig.

Frage 10: Ich brauche immer auch Zeit für mich.

A Ja, und zu viele geschäftliche und private Termine bringen mich in Stress.

B Ab und zu reicht, einfach eine gute Mischung.
C Nein, für mich ist es wichtig, dass immer etwas läuft.

Frage 11: Ich verreise gern auch mal allein, so bin ich viel empfänglicher für Land und Leute.

A Und wie.
B Ja, das mache ich schon mal, muss aber nicht bei jeder Reise so sein.
C Nein, allein verreisen kommt nicht in den Hut. Da würde ich mich nicht wohlfühlen.

Frage 12: Ich nehme oft mein Handy aus der Tasche und schaue darauf, wenn ich gerade irgendwo ein paar Minuten warten muss.

A Nein, wenn ich warte, dann schaue ich mich um und genieße das Geschehen um mich herum.
B Wenn ich mich gerade allein fühle im Moment des Wartens, schaue ich auch mal drauf.
C Ja, so kann ich die Zeit nutzen und gleich ein paar Nachrichten beantworten.

So, das war es schon, und jetzt zähle bitte mal zusammen, wie viele Antworten pro Buchstaben du bekommen hast.

Total A Antworten: ____
Total B Antworten: ____
Total C Antworten: ____

Ich habe dich vor dem Test etwas angelogen, als ich sagte, es gäbe keine Auswertung. Ich entschuldige mich dafür, aber das war keine bewusste Lüge, weil mir erst beim Schreiben der Fragen und Antworten ein paar Gedanken hochkamen, die vielleicht für dich wichtig sein könnten. Darum gibt es nun doch so eine Art Auswertung oder besser ausgedrückt, eine Zusammenfassung der Antworten. Aber nur zu deiner eigenen Selbstreflektierung und bitte nur als allgemeine Zusammenfassung. Jeder Mensch ist einzigartig und es ist unmöglich, einen Text in der Form zu schreiben, dass er jedes Detail deiner eigenen Persönlichkeit beinhalten würde.

Also falls deine Antworten mehrheitlich im »A«-Bereich liegen, dann bist du erprobt im Alleinsein und es macht dir nichts aus, im Gegenteil, du brauchst und liebst die Zeit für dich selbst und dein Sein. Somit kannst du das Buch zur Seite legen oder es einem potenziellen Leser der Sorte »B« oder »C« weiterverkaufen. Du kannst aber auch gern weiterlesen, und wer weiß, vielleicht findest du noch paar zusätzliche Punkte, die für dich hilfreich sind, weil zu viele »As« können auch ungesund sein, und vielleicht neigst du eher dazu, dich von sozialen Kontakten abzugrenzen und hast dich zu sehr ans Alleinsein gewöhnt. Deine Unabhängigkeit kann zudem dazu führen, dass du egoistisch gegenüber deinen Mitmenschen handelst, und das möchte ich ja auch nicht.

Ein ausbalancierter »A«-Typ nutzt die Kunst des Alleinseins und beflügelt mit seinem ausgeglichenen Wesen seine Mitmenschen. Er liebt soziale Kontakte, aber immer so, dass noch genug für ihn selbst übrig bleibt, um sich nicht zu verlieren. Glücklich ist, wer allein sein kann, aber es nicht muss.

Wenn deine Antworten mehrheitlich im »B«-Bereich liegen, dann hast du eher viele Freunde oder Kontakte, du liebst den Austausch und unternimmst auch am liebsten etwas in Gesellschaft. Das Alleinsein bringt dich nicht um, aber es ist etwas, von dem du nicht zu viel brauchst. Ab und zu ist das ganz okay, aber mehrheitlich schaust du, dass du jemand an deiner Seite hast, mit dem du dich austauschen kannst, ob live oder über ein soziales Netzwerk.

Von Zeit zu Zeit wird es dir dann aber doch zu viel und du gönnst dir einen Tag oder Abend nur für dich selbst, tankst neue Energie, um dich wieder der Gesellschaft hingeben zu können. Damit es dir nicht zu viel wird und du deine eigene Balance halten kannst, könntest du in deinem Terminkalender bewusst Zeitinseln einplanen, die dann nur dir gehören. Fang an, diese Zeitinseln konsequent einzuhalten und mache dann nur etwas, was dir guttut. So hast du noch mehr Lust, danach dein Glück mit deinen Mitmenschen zu teilen und zu vermehren.

Findest du deine Antworten mehrheitlich beim »C«, dann bist du wohl wirklich nicht gern allein. Das ist nicht grundsätzlich schlecht, du hast auch nichts verbrochen. C-Typen haben meist einen großen Vorteil: Sie sind sehr fürsorglich und kümmern sich liebend gern um ihre Mitmenschen, viel lieber als um sich selbst. Sie sind keinesfalls egoistisch, sondern sie wollen, dass es ihrem Umfeld gut geht, dann geht es ihnen selbst auch gut. Aber das macht es für dich als C-Typ einfach schwieriger, deine eigenen Wünsche und Ziele zu erreichen, weil du dich am Leben deiner Mitmenschen ausrichtest, du Stunden damit verbringst, im Internet zu surfen oder dich auf andere Weise ablenkst, damit du dich ja nicht mit dir selbst beschäftigen musst.

Diese ständige Beschäftigung mit der Außenwelt verhindert, dass du deinen eigenen inneren Reichtum erkennen kannst. Glaube mir, der ist bei dir genauso vorhanden wie bei jedem anderen Menschen, du musst dich nur wieder auf dich einlassen, dann wirst du den Reichtum entdecken. Ich bin mir bewusst, dass das anfangs Wille, Mut, Training, Achtsamkeit und Ausdauer braucht. Ganz schön viel, ich weiß, aber glaube mir, es lohnt sich, und ohne die Dinge wird es schwierig, weil die Verlockung in jedem Moment groß ist, sich abzulenken.

Es gibt ein paar einfache Übungen, damit kannst du den Anfang machen und dann Schritt für Schritt das Alleinsein trainieren. Zum Beispiel beginnst du mit einer täglichen kurzen Übung direkt morgens nach dem Aufwachen. Setze dich im Bett aufrecht hin, damit du nicht aus Versehen wieder einschläfst, und nimm dir fünf Minuten Zeit für dich selbst, halte diese Minuten und dich aus, ohne etwas anderes tun zu müssen. Manchmal können dir Meditationsübungen als erster Schritt dabei helfen, zur inneren Ruhe zu finden. Langfristig aber solltest du dich so aushalten können, einfach zu sein. So bist du die ersten wachen Minuten des Tages nur mit dir und das ist ein erster guter Anfang.

Ich kann aus persönlicher Erfahrung sprechen, es gab eine Zeit in meinen Leben, da bin ich direkt vom Wecker ans Handy gelaufen und habe die aktuellen Nachrichtenseiten gecheckt, um alles zu erfahren, was ich in der Nacht verpasst hatte, und habe dabei mein Hirn schon vor dem Frühstück mit Dingen gefüttert, die für diese ersten Minuten des Aufwachens sicher nicht nötig waren. So war ich aber vom ersten Gedanken an nach außen gerichtet. Zum Glück reise ich viel, und nicht immer gibt es überall Internet, dabei wurde mir bewusst, welchen Schwachsinn ich mir da angewöhnt hatte.

Da wir nicht mit solchem Mustern geboren werden, sondern sie uns selbst mit der Zeit aneignen – ohne es zu merken –, ist eine entsprechende Selbstreflexion, wie gerade mit dem Test und der dazugehörigen Auswertung, von Zeit zu Zeit gar nicht so schlecht. So können wir unsere Verhaltensmuster erkennen und diese durchbrechen, falls sie uns von uns selbst und unserer eigenen Entfaltung fernhalten.

Und egal, ob du dich eher als A-, B- oder C-Typ wahrnimmst, es gibt für jeden von uns genug zu tun. Mit dir allein wird dir nie langweilig, wenn du dich traust, dich mit dir selbst auseinanderzusetzen. Darum schauen wir uns im Folgenden an, wie du noch besser zu dir selbst finden kannst; und wie du anfangen könntest, dein eigenes Leben zu leben, mit deinen Träumen und Wünschen.

Oft laufen wir allem nach, nur nicht unserem eigenen Leben. Nicht umsonst heißt Leben ja, die Dinge am eigenen Leib zu erfahren! Du kannst nicht glücklich werden, wenn du dich am Glück deines Umfelds misst. Also, warum solltest du nur die Träume deines Umfelds leben, fang an, deine eigenen zu leben!

Wie gelingt es dir, allein zu sein in der heutigen belebten Zeit?

In der heutigen Zeit ist es eine besondere Herausforderung, allein mit sich und sich selbst zu sein. Die Verlockung ständiger äußerer Ablenkung ist größer denn je, denn sie gibt es seit einigen Jahren nicht nur draußen in der großen Welt, sondern auch drinnen im virtuellen Netz. Früher war es wenigstens noch so, dass die Cafés, Bars und Clubs irgendwann schlossen und man sich so wieder in sein Heim zurückzog. Heute hat das Internet 24 Stunden geöffnet, und es bietet sich in jedem Moment die Möglichkeit, sich online zu verbinden.

Anfangs gab es auch da eine zeitliche Grenze, da der Computer mit dem Modemanschluss entweder im Büro stand oder zu Hause. Heute, mit den Smartphones, wurde auch diese Grenze gesprengt. Sogar in den obersten Gipfeln der Alpen und ihren Berghütten gibt es WiFi-Verbindungen, damit man von dort oben aus mitteilen kann, was man gerade zum Nachtessen auf 2843 Metern Höhe verspeist hat. Und so ist nicht nur das reine Mitteilen, sondern auch die Verlockung des ständigen Vergleichens durch das Internet größer. Weil wir ständig sehen können, was unsere

Wie gelingt es dir, allein zu sein in der heutigen belebten Zeit?

Freunde um uns herum so auf die Beine stellen oder wie gut die Promis rund um den Planeten aussehen, sind wir fast unaufhaltsam gefordert, dass wir bei all dem, was so auf uns einfließt, wir selbst bleiben und uns nicht am Leben der anderen messen oder ihnen nacheifern.

Dabei sollte nicht vergessen werden, dass erstens fast niemand ein Bild von sich postet, wenn es ihm schlecht geht, er gerade schlecht aussieht oder gerade vom Chef eines auf den Deckel bekommen hat. Und zweitens, dass fast jedes Smartphone über eine Photoshop-Funktion verfügt und Bilder in wenigen Sekunden so bearbeitet werden können, dass man so aussieht, als wäre man ein Hollywood-Star. Wir brauchen uns selbst und unseren eigenen gesunden Verstand, um die Post im Netz mit dem nötigen Abstand zu betrachten. Alles, was wir auf den Portalen finden, betrifft nicht direkt uns selbst. Klar, sind wir ein Teil des Ganzen, aber jeder von uns selbst ist wertvoll genug, um sein Leben anhand der eigenen Werte und Vorstellungen zu gestalten. Wir können uns von unserem Umfeld und deren Bildern inspirieren lassen, aber müssen dabei mit uns selbst achtsam umgehen, sodass wir nicht vergessen, unser eigenes Leben zu leben.

Diese Entwicklung des weltweiten digitalen Netzwerkes kann man nicht mehr aufhalten und das ist auch gut so. Denn wie gesagt, es ist eine wunderbare Erfindung und bringt uns Menschen in vielen Hinsichten weiter, hilft uns und verbindet uns mit anderen Kulturen und Regionen

> Wie gelingt es dir, allein zu sein in der heutigen belebten Zeit?

dieses Planeten, die sonst für uns nur schwer zu erreichen wären. Wir können Wissen teilen und so uns weiter entfalten. Aber wir sind alle selbst in der Verantwortung bezüglich dem Umgang mit neuen Erfindungen. Es gibt keine Erfindungspolizei, die sagt: »Hey, du darfst das nun nutzen, aber nur so stark, dass du deine eigene Balance nicht verlierst.« Diese Polizei bist du selbst. Du musst bei dir erkennen, welche Muster sich eingeschlichen haben, die dir vielleicht gar nicht so guttun wie du zu glauben pflegst. Oder du bist dir sogar dieser Muster nicht selber bewusst, sie haben sich so fies von hinten angeschlichen, dass du gar nicht merkst, dass sie deinen Tagesablauf negativ beeinflussen, dich in unnötigen Stress, dich von dir selbst wegbringen und dir viel Zeit stehlen. Wir Menschen haben den Drang, alles kontrollieren und möglichst effektiv umsetzen zu wollen, aber wenn es um die Zeit im Netz geht, lassen wir uns viel Zeit stehlen. Das Blöde daran ist vor allem, dass wir es selbst sind, die uns die Zeit stehlen, und es meist noch nicht einmal merken.

Damit wir unsere Muster ausfindig machen und mit ein bisschen Mut und Willen auflösen können, habe ich einige Übungen zusammengestellt, die dich dabei unterstützen sollen. Du darfst, musst aber selbstverständlich nicht alle diese Übungen auf einmal machen oder sie in deinen Alltag integrieren. Fang doch einfach mal mit einer an, mache sie ein paar Tage oder Wochen und dann gehe zur nächsten.

Wie gelingt es dir, allein zu sein in der heutigen belebten Zeit?

Du kannst auch alle erst einmal durchlesen, dir ein Bild von den verschiedenen Übungen machen und dir dann eine aussuchen, mit der du beginnen möchtest. Mit der, die dir am meisten zusagt.

Übung 1: Sich von den eigenen Mustern zu lösen, bringt dich dir selbst näher

Eigentlich ist das ein gegensätzlicher Titel, weil ich mich von etwas Eigenem lösen soll, um mir näherzukommen. Aber das ist so, weil nicht alles, was ich mir aneigne, unbedingt gut für mich ist und es mich auch von mir entfernen kann, wie zum Beispiel ein ungesundes Verhaltensmuster. Es gibt beliebige Arten von Mustern, die wir uns aneignen können, und nicht alle sind schlecht. Einige tun uns gut und halten uns in der Balance. Zum Beispiel eines meiner persönlichen Muster, ich bin gern abends noch eine Stunde vor dem Schlafengehen einfach allein, lese etwas, schaue die Sportschau oder tue einfach nichts. So kann ich »den Tag ausklingen lassen« und meinen Verstand zur Ruhe bringen, bevor ich mich schlafen lege. Mache ich das nicht, schlafe ich nicht tief und die Ereignisse des Tages kommen im Halbschlaf und in meinen Träumen wieder hoch. So dreht sich die ganze Nacht alles in meinen Kopf und ich bin am Morgen alles andere als erholt. Dieses Verhaltensmuster ist also definitiv ein mir hilfreiches, es bringt mich

Wie gelingt es dir, allein zu sein in der heutigen belebten Zeit?

zu mir selbst, weil ich so meine innere Ruhe und Balance für die Nacht finde.

Bei der ersten Übung möchte ich daher nur die Muster ansprechen und auflösen, die dich emotional negativ beeinflussen, die ein Ungleichgewicht in dir auslösen und die dich von dir selbst wegbringen. Aber wie erkenne ich überhaupt diese Muster? Ich kann dir dazu folgende Übungen und Reflektionen vorschlagen:
Nimm ein Blatt Papier und einen Stift zur Hand und setze dich abends an einen ruhigen Ort. Schließe deine Augen und spule deinen Tag im Kopf nochmals rückwärts ab. Fange mit dem Letzten an, was du getan hast, bevor du die Augen zugemacht hast, und gehe so Schritt für Schritt zurück bis zum Moment des Aufwachens. Keine Angst, dieser Rückblick auf deinen Tag wird nicht 12 Stunden dauern, du wirst dich an die wichtigsten Dinge erinnern und ansonsten große Gedankensprünge machen. Vielleicht kannst du inzwischen ein Muster erkennen, das dich zum Beispiel emotional herausforderte oder dir Ablenkung von dir selbst und deinem Tun brachte. Wenn ja, schreibe diese Muster auf.

Sobald du bei diesem Rückblick beim Aufwachen angelangt bist, fange noch einmal von vorn an, also von hinten, vom Abend zum Morgen, und spule den Rückblick noch einmal durch. Nun versuchst du aber, dich auf die kleinen Dinge zwischen den wichtigen Ereignissen zu konzentrieren. Die Momente, die dazwischen liegen. Ich gebe dir wieder ein Beispiel aus meiner persönlichen Erfahrung. Ich habe dabei festgestellt, dass ich immer, wenn ich an einer Bahnstation ein paar Minuten warten musste, sofort mein Smartphone aus der Tasche nahm und mich mit der virtuellen Welt beschäftigte. Diesen Moment des Wartens überbrückte ich mit unnötigem und unbewusstem Surfen im Netz. Als ich dann dieses Muster ablegte, was anfangs gar nicht so einfach war, da meine Hand fast automatisch in solchen Situationen in die Jackentasche griff, stellte ich fest, wie schön es wieder war, einfach nur zu warten. Das sind genau die Momente, die meinem Geist Ruhe schenken, in denen ich einfach nur das Treiben um mich herum genießen und mich auch von meiner Umwelt inspirieren lassen konnte. Ich entdeckte, wie entspannend diese Momente für mich eigentlich sind, und dass das Warten kein Warten ist, sondern vielmehr ein Tanken von Ruhe und Inspiration.

Wenn du also deine eigenen Muster mit dieser Übung entdeckst, sie durch das Aufschreiben festhältst, dann kannst du sie auch durch das Ändern deines Verhaltens loslassen. Wie aus eigener Erfahrung gesagt, brauchst du dazu den Willen und die Ausdauer und Achtsamkeit, damit sich die Muster nicht wieder von allein einschleichen. Es kann schon mal sein, dass du dir für paar Wochen treu bist und sich dann die Muster schleichend wieder in deinen Lebensalltag einbringen. Wenn du dir aber eine Checkliste der »abzuschaltenden Muster« erstellst, kannst du von Zeit zu Zeit wieder darauf schauen, allfällige Einschleicher wieder orten und sie erneut ausschließen.

Wie gelingt es dir, allein zu sein in der heutigen belebten Zeit?

Hier ein anderes Beispiel. Ich gehe ab und zu allein essen und genieße das auch, da ich mich dann voll und ganz auf meinen Teller und die köstlichen Speisen konzentrieren kann. Ich mache das auch so gut wie möglich, wenn ich in Gesellschaft bin, aber allein zu essen, kann noch intensiver sein. Nun gab es da aber eine Zeit, in der ich während des Essens immer eine Zeitung neben mir haben musste, damit ich während des Kauens ein bisschen lesen konnte. Dadurch war ich teils so abgelenkt, dass ich gar nicht merkte, wie fein gerade das Essen war. Schwups, der Teller war leer und der Bauch voll. Da ich so noch weniger bewusst gegessen habe, als wenn ich in Gesellschaft war, hat mein Magen das nicht so gut gefunden. Oft zeigte er mir das auch und bestrafte mich mit einem leichten Unwohlgefühl. Denn wenn ich mich nicht bewusst aufs Essen einlasse, es nur als nötige Nahrungsaufnahme ansehe, dann kaue ich auch nicht bewusst und viele Speisen rutschen in großen Stücken in den Magen. Dabei beginnt unsere Verdauung bereits im Mund und das Kauen ist der erste grundlegende Schritt für eine gute Verdauung. Versuch es mal und genieße dein nächstes Essen von Biss zu Biss. Du wirst feststellen, wie viel Spaß es macht und wie viele Gewürze und Essenzen du dabei wahrnimmst. Essen soll nicht nur ein überlebenswichtiges Muss, sondern einen Genuss für uns darstellen. Und das beginnt schon bei der Zubereitung der Speisen. Je achtsamer du kochst, umso besser wird dir das Essen bekommen.

Wie gelingt es dir, allein zu sein in der heutigen belebten Zeit?

Eine weitere Übung, die uns helfen kann, unsere Muster zu erkennen, kann die »Heut mache ich alles anders-Übung« sein. Diese Übung beginnt damit, dass du direkt nach dem Aufstehen etwas anderes machst als sonst. Zum Beispiel nimmst du dir, wie einige Seiten weiter vorn beschrieben, direkt nach dem Aufwachen fünf Minuten Zeit nur für dich, einfach nichts machen und den Tag in Stille beginnen. Oder, anstatt dass du direkt unter die Dusche gehst, öffne zuerst das Fenster und nimm fünf tiefe Atemzüge oder mache einfach zehn Liegestütze. Beobachte, was dieses neue Verhalten in dir auslöst.

Sei achtsam mit dir und ordne deine emotionale Reaktion ein. Fühlst du dich besser, lebendiger, mehr bei dir als üblich? Diese Übung kannst du den ganzen Tag lang machen, zum Beispiel nimmst du mal den Zug, statt mit dem Auto zur Arbeit zu fahren. Auch da wirst du ein paar tolle Überraschungen erleben. Bei mir führen solche Änderungen des täglichen routinierten Verhaltens zu einem Gefühl, das sich ähnlich wie Ferien anfühlt. Denn wenn ich in die Ferien verreise, dann durchbreche ich auch meine gewohnten Muster und erlebe dabei ganz neue Vorzüge des Lebens oder entdecke einige wieder, die ich schon kenne. Ist es dir nicht auch schon passiert, dass du in den Ferien zum Beispiel mehr gelesen hast als sonst und dir sagtest »Ach, das tut mir so gut, wenn ich zu Hause bin, dann schalte ich den Fernseher nicht mehr so viel ein, sondern lese lieber wieder mehr.« Das geht dann genau zwei Wochen gut, und hopp,

Wie gelingt es dir, allein zu sein in der heutigen belebten Zeit?

schon läuft die Kiste wieder jeden Abend. Wenn du ab und zu diese »Heut mache ich alles anders-Übung« machst, verspreche ich dir, dass du ganz einfach allfällige Muster erkennen kannst, die dich davon abhalten, bei dir und mit dir selbst zu sein.

Die nächste Übung im Rahmen unserer unbewussten Muster heißt »Ich lass mich nicht unnötig stressen-Übung«. Dabei geht es darum, dass du feststellst, wo und wann du dich selbst unter Stress setzt, und das noch dazu absolut unnötig. Auch hier ein einfaches Beispiel: Früher war ich ein unmöglicher Autofahrer; ich regte mich viel zu schnell auf, wenn der Verkehr nicht so lief, wie ich mir das vorstellte. So hatte ich zum Beispiel eine Reise von einer Stunde vor mir und während dieser Stunde nervte mich jeder andere Autofahrer, der mir auf der Autobahn nur schon zwei Sekunden im Weg war. Nur, wenn ich mit klarem Verstand denke, merke ich doch, dass ich in der Stunde vielleicht zwei Minuten an Zeit gewinnen könnte, wenn ich allein auf der Autobahn wäre und die Höchstgeschwindigkeit einhalten würde. Dass ich aber mich selbst und meine innere Ruhe verliere, wenn ich mich wegen Dingen aufrege, die ich so oder so nicht ändern kann, so gescheit war ich dann doch wieder nicht.

Irgendwann kam mir diese Übung in den Sinn, und ich habe aufgehört, mich stressen zu lassen von Dingen, die ich nicht ändern kann. Nun ist das Autofahren für mich eines der erholsamsten Dinge, da ich in der Zeit meine Ruhe habe, eine schöne CD höre oder einfach meine Gedanken kreisen lasse. Ich bin sicher, wenn du auf deinen Tag oder deine Woche zurückblickst, findest du Momente, wo du dich unnötig stressen ließest. Erkenne diese Verhaltensmuster und werde dir ihrer bewusst, so kannst du beim erneuten Auftreten einfach zweimal tief durchatmen, dir deiner selbst bewusst werden und cool bleiben.

Dabei kann es hilfreich sein, wenn du dir anfangs ein »Ablenkungsmanöver« erstellst, das dich vor der wiederkehrenden emotionalen Reaktion bewahrt. Du weißt zum Beispiel, dass dich dauernde Linksfahrer auf der Autobahn zur Weißglut bringen. Dann überlegst du dir für die Momente eine Reaktion, die dich vom bekannten Stressgefühl ablenkt. Bestehende Muster fördern die rasche emotional bekannte Reaktion, weil es ein Gewöhnungseffekt ist und es anfangs schwierig sein kann, diese Gefühle nicht zuzulassen, wenn sie wie automatisch in einem hochkommen. Darum kann ein Ablenkungsmanöver hilfreich sein. In dem Fall kannst du vielleicht schon beim Einsteigen deine Achtsamkeit auf dich selbst trainieren und vor dem Drehen des Zündschlüssels dich auf deinen Atem konzentrieren. Während der Fahrt machst du das immer wieder, atmest ganz bewusst und ruhig ein und aus, und wenn dir dann aus deiner Sicht ein Auto im Weg steht, atmest du einfach tief und langsam weiter. Stress verursacht nämlich, dass du schneller und kürzer atmest, und so kannst du mit einer ganz einfachen Übung ihm entgegenwirken.

Wie gelingt es dir, allein zu sein in der heutigen belebten Zeit?

Wenn du dich also nicht mehr unnötig stressen lassen möchtest, dann kann dir diese Übung helfen, die wiederkehrenden Momente in deinem Leben zu erkennen und sie so anzunehmen, dass du dich dabei nicht mehr aus der Balance bringen lässt. Es gibt so viele Dinge, die du im Moment nicht ändern kannst, für die du nichts kannst, also lass dich davon auch nicht aus der Ruhe bringen.

Nun kannst du aber nicht nur Handlungen als Muster entdecken, sondern auch tiefere Gedankenformen und wiederkehrende emotionale Vorgänge, die dich aus der Balance bringen und die dich so von dir selbst entfernen. Zum Beispiel können gewisse Handlungen deines Partners eine wiederkehrende Unsicherheit in dir auslösen und du reagierst mit Eifersucht oder Neid. Grundsätzlich würde ich bei solch einer Reaktion schon denken, dass du dann bereits ein Manko an Selbstwertgefühl mitbringst und sich die Ursache nicht nur durch das Auflösen von Mustern beheben lässt, sondern man da noch tiefer schauen muss. Das machen wir später, wenn wir uns den Zusammenhang von Selbstvertrauen, Selbstwertgefühl und Alleinsein anschauen. Und, um Werbung in eigener Sache zu machen, in meinem Buch *Annehmen und Loslassen* beschreibe ich diese emotionalen Vorgänge vertiefter, falls du dich damit noch intensiver auseinandersetzen möchtest. Aber vielleicht ist das gar nicht nötig und du kannst auch mit diesen Übungen deine tieferen emotionalen Muster bezeichnen und auflösen. Wichtig bezüglich allen deinen Mustern zu wissen ist, dass sie ein Leben lang veränderbar sind, egal wie lange du die Muster schon hast und wie alt du bist. Die einzige Frage, die sich dabei stellt, ist, ob du wirklich die Veränderung willst oder nicht.

Es sind aber nicht nur die Muster, die uns daran hindern können, allein und mehr bei uns selbst zu sein. Dadurch, dass uns die neuen Technologien mobiles Arbeiten ermöglichen, dass es keine klaren Abgrenzungen mehr zwischen Freizeit und Arbeit gibt, dass durch die digitale Vernetzung mehr Termine auch im Privaten an uns gelangen und wir so auch unsere Kalender mit mehr Freizeitaktivitäten füllen, braucht es noch einige andere Dinge mehr, damit du selbst nicht zu kurz kommst. Auch hier möchte ich dir ein paar Übungen vorschlagen, die mir persönlich mehr Freiraum schufen.

Übung 2: Das Zauberwort heißt »Nein«

Auch wenn dieses Wort eigentlich negativ belastet ist, kann seine Aussprache sehr viel Positives für dich selbst bewirken. Ein bewusstes »Nein«, um dich selbst in der Balance halten zu können, bedeutet gleichzeitig ein bewusstes »Ja« für dich selbst. Wenn du dich nämlich selbst kennst, deine Bedürfnisse, Wünsche und auch die Dinge, die du nicht zwingend magst, dann kannst du mit gutem Gewissen ein »Nein« für dich selbst aussprechen. Und zwar immer dann,

> Wie gelingt es dir, allein zu sein in der heutigen belebten Zeit?

wenn du etwas wirklich nicht willst und du dir damit selbst treu bleibst.

Es gibt aber auch Sachen, auf die ich vielleicht gerade im Moment keine Lust habe, die mir aber gleichzeitig vielleicht guttun würden, die mich inspirieren und neue Möglichkeiten eröffnen würden. Und genau dann ist der Gebrauch dieses Zauberwortes mit Vorsicht zu genießen. Zu viele Neins können auch ein Nein zum Leben bedeuten, ein Nein zur eigenen Entwicklung und somit auch zur Evolution. Ich denke da zum Beispiel an folgende Situation, auch wieder aus meiner Erfahrung. Es ist Sonntagmorgen, das Wetter trüb und der Geist müde von der letzten Nacht, weil ich mehr geschlafen habe, als eigentlich nötig wäre. So brauche ich viel länger als üblich, bis ich richtig in die Gänge komme, und es kann gut sein, dass ich mich nach dem Frühstück noch einmal aufs Sofa lege und ein bisschen döse. Ein Freund schreibt mir eine SMS und fragt, ob wir Tennisspielen gehen. Ich sage Nein, weil ich zu faul bin im Moment. Dabei weiß ich doch eigentlich genau, wie gut mir die Bewegung tun würde und ich mich durch diese Prise Sport eigentlich mich viel wacher, wohler, meinen Körper und mich viel mehr bei mir fühlen würde.

Darum ist es wichtig, dass das Zauberwort »Nein« wirklich nur dann eingesetzt wird, wenn es mir auch guttut. Möglichst nur, wenn es mich davor schützt, meine Balance und mich selbst zu verlieren. Dann, wenn ich etwas machen soll, das mir wirklich nicht liegt oder es nicht mehr in mei-

Wie gelingt es dir, allein zu sein in der heutigen belebten Zeit?

ne bereits vollgepackte Woche passt und es mich nur noch in Stress bringen würde. Oft ist es auch so, dass, wenn du nach etwas gefragt wirst, du innerlich bereits einen Widerwillen spürst, aber dann trotzdem »Ja« sagst, weil du es nicht übers Herz bringst, der Person abzusagen. Ich persönlich bin immer froh, wenn mir jemand ein ehrliches »Nein« mitteilt. Das ist mir tausendmal lieber, als wenn dieser es gegen seinen Willen macht, nur weil er mich nicht enttäuschen möchte. Denn genau das würde er mit einem unehrlichen »Ja« tun, sich selbst und somit auch mich enttäuschen. Irgendwie nehme ich das dann wahr, dass er eigentlich gar keine Lust hat, und am Schluss sind wir beide nicht zufrieden.

Falls du dich schwertust, dieses Zauberwort einzusetzen, weil du es allen immer recht machen und immer für alle da sein willst und daher oft an deine eigenen Grenzen kommst, dann ist das leider auch ein Zeichen, dass du mehr für andere als für dich selbst lebst. Natürlich ist es gut, wenn man Empathie und Fürsorge zeigt, aber nicht, weil man nicht »Nein« sagen kann, sondern weil man bewusst »Ja« dazu sagt, weil es einen erfüllt, guttut und es dein bewusster Wille ist, ohne dabei deine eigene Balance zu verlieren.

Einen kleinen Trick kannst du anwenden, um ein positives »Nein« zu trainieren, wenn es dir schwerfällt, seinen Einsatz auf die Schnelle richtig zu verwenden. Bekommst du bei einer Anfrage ein unsicheres Gefühl, ob du Ja oder Nein sa-

Wie gelingt es dir, allein zu sein in der heutigen belebten Zeit?

gen sollst, getraue dich als Erstes zu sagen: »Ich weiß es noch nicht, darf ich dir bis morgen Bescheid geben?« So hast du ein bisschen mehr Zeit, um dein Gefühl einzuordnen, denn es kann verschiedene Ursachen haben, warum du gerade ein klares Ja nicht aussprechen kannst. Es könnte sein, dass du es von dir aus nicht machen möchtest, weil du innerlich einen Widerstand spürst, der dir sagt: »Hey, du hast schon genug zu tun die Tage, pack dir nicht noch mehr in den Kalender, sonst bleibt ja nichts mehr für dich selbst übrig.« Weil du die Person aber vielleicht gern wieder einmal treffen möchtest und es dir darum schwerfällt ein »Nein« auszusprechen, spürst du diese Unsicherheit. Der Fakt, dass du diese Person gern treffen möchtest, steht dem Fakt gegenüber, dass deine Woche schon sehr voll ist. Der erste Fakt ist fix, der zweite kann gelöst werden. Du willst die Person also gern bald wiedersehen, aber lieber in einer anderen Woche, dann, wenn nicht so viel los ist und du wirklich entspannt zum Treffen gehen kannst. Der gute Freund läuft nicht davon, eine Freundschaft misst sich nicht an der Anzahl der Treffen, sondern an deren Tiefe; und die kannst du viel besser zulassen, wenn du entspannt bist.

Eine andere Entscheidung ist es, wenn du genügend Zeit hast und diese Person gern treffen möchtest, du aber im Hinterkopf weißt, dass dein Partner das nicht so cool finden würde, er Zeit mit dir verbringen möchte und du darum Nein sagen solltest. (Achtung, jetzt öffnen wir ein ganz neues Feld im Bereich »Alleinsein in der Partnerschaft, aber wir werden uns später im Buch diesem widmen). So oder so, setze dich in einer ruhigen Minute hin, denke über die Anfrage nach, was dabei deine Vorstellungen sind und warum du ein Nein in Betracht ziehen würdest. So kannst du vielleicht besser eine für dich stimmige Entscheidung treffen, und langfristig kannst du deine Bedürfnisse besser einordnen, sodass ein spontanes überzeugtes und ehrliches Ja oder Nein dann für dich einfacher auszusprechen wird. Je mehr du du selbst bist, umso mehr wirst du dich selbst auch wahrnehmen und dabei spüren, nach was dir gerade ist.

Übung 3: Pläne machen ist langweilig

Dieses Lebensmotto habe ich gestohlen, es gehört meinem guten Freund Walter Meier, der auch Autor ist. Also eigentlich habe ich den Erfinder dieses Mottos gefragt, ob ich ihn und seine Philosophie in mein Buch aufnehmen darf, und er meinte nur: »Schreib doch, was du willst!« Und das mache ich nun, selbst Schuld, haha! Walter ist körperlich ein bisschen älter, was man aber optisch kaum sehen kann, aber im Geist um einiges jünger und verrückter als ich. Er getraut sich, die Dinge auszusprechen, und lebt sein Leben auf seine eigene Art und Weise. Seine Frau Sonja genauso, und die beiden sind für mich pure Inspiration, als Einzelpersonen wie auch als Paar. Und damit bin ich nicht der

> Wie gelingt es dir, allein zu sein in der heutigen belebten Zeit?

Einzige, der von ihrer oft kompromisslosen und gleichzeitig humorvollen Art, durch das Leben zu gehen, inspiriert wird. Sie erlauben den Menschen, die sie treffen, die Dinge anders anzuschauen, als wir das gewohnt sind. An dieser Stelle: Danke Walti und Sonja, dass ihr euch selbst so treu seid und uns alle immer wieder von Neuem mit ehrlichen und authentischen Lebensweisen inspiriert, auf welche Art auch immer.

Wenn ich also Walter frage, ob wir uns vielleicht am Freitag zum Mittagessen sehen, dann ist seine Antwort: »Pläne machen ist langweilig.« Was so viel heißt wie: *Ich würde mich freuen, dich zu sehen, habe den Termin eingeschrieben, aber ich kann dir nichts versprechen.* So in der Art wie: *Wer weiß schon, was am Freitag ist, heute ist ja erst Montag. So viel kann passieren bis dahin, ich kann vielleicht ein Angebot der Deutschen Fußballnationalmannschaft erhalten oder vielleicht muss ich genau dann die Welt retten.*

Bis jetzt haben wir uns jedes Mal getroffen, wenn wir uns »so provisorisch« zu einem Mittagessen oder einem anderen Treffen verabredet haben. Aber mit seiner Aussage erinnert er mich immer wieder daran, dass ich nicht an meinen Plänen festhalten darf. Mich kann nämlich jederzeit etwas erreichen, was meinen Lebensweg positiv oder für den Moment auch negativ beeinflussen kann. Ich sollte darum auch immer im Moment so beweglich bleiben, damit ich auch spontan eine Planänderung zulasse, wenn es das Leben erfordert. Wenn wir uns zu fest auf unsere Pläne verlassen, uns auf sie fixieren, sehen wir oft nicht mehr die Möglichkeiten um uns herum.

Dieses Festhalten an Plänen kann auch gleichzeitig ein Festhalten an etwas sein, was uns von außerhalb beschäftigt, etwas, was uns vom »mit uns selbst sein« abhalten kann, weil wir uns zu sehr anhand unserer Mitmenschen und ihren Plänen ausrichten und uns dann nicht mehr getrauen, wenn es nötig ist, die Zeit für uns selbst zu nehmen. Weder Walter noch ich sind Menschen, die vereinbarte Termine nicht einhalten, weil wir gerade keine Lust dazu haben. Ich behaupte, wir beide sind sehr pflichtbewusst und man kann sich auf uns verlassen. Wir beide lieben auch Menschen, die Gespräche und das Lachen mit anderen, aber wir müssen nicht immer und in jedem Moment mit Menschen zusammen sein. Wir kennen die Momente, in denen wir einfach gern mit uns selbst sind, um die eigene Balance halten zu können. So kann es gut sein, dass er oder ich am Montag zwar noch riesig Lust hätten, am Freitag etwas miteinander zu unternehmen, unsere Woche aber dann so verläuft, dass ein zusätzliches Treffen am Freitag uns nur stressen würde und wir uns daher auch mal getrauen, es spontan zu verschieben. Denn wenn ich mich mit mir selbst nicht wohlfühle, dann bringt das auch meinem Gegenüber nicht viel, weil dieser das merkt und somit für beide das Treffen nicht befriedigend wird.

Also habe ich mir sein Motto hinter die Ohren geschrieben. Ich verwende zwar nicht seine Worte, aber sage

> Wie gelingt es dir, allein zu sein in der heutigen belebten Zeit?

bei Bedarf, dass ich spontan entscheiden möchte, wenn ich weiß, dass ich eine anstrengende Woche vor mir habe. Aber auch hier gilt es zu unterscheiden, wann diese Option verwendet werden soll, damit man nicht ein chronischer Spontanentscheider wird. Es gibt Termine, nicht nur in geschäftlicher Hinsicht, die sollte man im Kalender einplanen und auch einhalten. Termine, die wichtig für einen selbst oder unsere Familie und Freunde sind. Dann gilt es, um die Termine herum genügend Freiraum einzuplanen, sodass man dann auch wirklich genügend Zeit und Energie hat, den Termin wahrzunehmen.

Wenn die Kalenderwoche sieben Tage lang mit Terminen vollgestopft wird, dann werden wir nicht nur daran gehindert, spontan zu sein, sondern auch allein und mit uns selbst zu sein. Also geht es auch hier darum, mal Nein sagen zu können und vielleicht schon ein paar Wochen im Voraus einige Zeitfenster im Kalender für sich selbst zu blockieren, in denen ich dann ganz spontan entscheide, worauf ich Lust habe. Und dank der Spontanität kann mir vielleicht etwas gelingen, was in einer durchgeplanten Woche nie passieren würde.

Dasselbe mache ich mit meinen geschäftlichen Terminen. Ich plane mir jede Woche Zeiten und teils auch ganze Tage ein, an denen ich keinen festen Termin habe und auch keine Termine annehme, passiere was wolle, und wenn der Herrgott um einen Termin bitten würde. So kann ich in den Zeiten die Aufgaben erledigen, die in der Zeit während

Wie gelingt es dir, allein zu sein in der heutigen belebten Zeit?

der Termine angefallen sind; oder ich kann spontan und in Ruhe an einem größeren Projekt spinnen, an dem ich ein paar Stunden dranbleiben sollte, um ein effektives Resultat zu erzielen. Oder vielleicht habe ich im entsprechenden Moment gerade extrem Lust, die Welt zu retten, aber wenn ich einen vollen Terminkalender habe und an meinem Wochenplan stur festhalte, dann fehlt mir die spontane Zeit dazu.

Was ich dir mit diesem Motto »Pläne machen ist langweilig« also sagen will, ist, dass du selbst der Herr über deinen Terminkalender werden musst und weniger Termine oft mehr Lebensfreude für dich bedeuten. Nur du kannst deine Termine so gestalten, dass du dabei immer noch dich selbst wahren kannst. Dann bleibst du in deiner eigenen Balance und rennst nicht immer deiner eigenen Zeit hinterher. Wenn du von der geschäftlichen Seite oder in deiner Rolle als Mutter oder Vater gefordert wirst, versuche immer auch, dir selbst gerecht zu werden und dir im Gegenzug eigene Freiheiten zu schaffen, indem du dir freie Zeiten für dich selbst einplanst, in denen du dann spontan sein kannst. Denn gerade dann, wenn etwas spontan passiert und man es nicht erwartet, können uns tolle Überraschungen und neue Inspiration erreichen, die wir sonst bei einem terminierten Gedankenkopf nicht zulassen würden, wenn wir von Termin zu Termin rennen und nur noch funktionieren. Aber den Moment auch mal einfach anzunehmen

Wie gelingt es dir, allein zu sein in der heutigen belebten Zeit?

und dabei spontan zu sein, fördert die Kreativität auf verschiedensten Ebenen, ebenso wie die Lösungsfindung. Und spontan Zeit für dich zu haben, hilft dir auch, mit dir selbst zu sein und dich mit dir selbst beschäftigen zu können.

Übung 4: Finde heraus, was dir guttut und tue mehr davon

Anhand deiner Empfindungen kannst du sehr einfach feststellen, was dir guttut, womit du dich gut fühlst und wie du dir selbst etwas Gutes gönnen kannst. Nimm diese Empfindungen an und mache mehr von dem, was für dich selbst gut ist. Das müssen keine Dinge sein, die du zwingend allein machst, aber es sollten solche sein, die dich selbst mit Freude und Zufriedenheit erfüllen, auch wenn du sie mit anderen Menschen unternimmst. Aber ganz wichtig ist, es sollten immer Sachen sein, die du nicht nur für andere, sondern die du immer für dich machst.

Bei mir ist das zum Bespiel eine Stunde Tennis. Ich bin dann zwar nicht allein, aber mir selbst tut die Herausforderung mit mir selbst und auch dem Gegenüber so gut, dass ich mir wöchentlich zwei bis drei Tennisstunden gönne, auch in einer vollgepackten Woche. Zudem kommt die körperliche Zufriedenheit hinzu. Wenn ich mich körperlich fit und gesund fühle, dann ist die Basis für mein Wohlgefühl schon um einiges besser, als wenn ich mich in meinen Körper nicht wohlfühle. Wenn ich mich fit fühle, habe ich genügend Energie, um auch in hektischen Momenten ganz bei mir zu sein, ohne dass ich mich gleich in der Hektik verliere. Mein persönlicher Wunsch ist es nicht, keine Herausforderungen mehr zu haben, sondern die Herausforderungen mit Rückgrat zu meistern. Wenn ich in der eigenen Balance bin, kann ich das bestimmt besser, als wenn ich nicht mit mir und bei mir bin. Dadurch, dass ich mir etwas Gutes gönne, fällt es mir leichter, in der Balance zu sein, und so kann ich auch die Dinge besser managen, die gerade nicht einfach sind.

Das Leben heißt Leben, weil wir leben und nicht nur funktionieren sollen. Wir sollten den Genuss am Leben nicht verlieren, denn es bietet uns viel mehr als nur die Pflicht, alles erledigen und allem nachrennen zu müssen. Zum Leben gehört der Genuss, und wenn ich eine genügende Portion davon in den Alltag einbringe, verändern sich oft Dinge, die nicht so Spaß machen, zu Sachen, die eigentlich ganz okay und so viel leichter zu erledigen sind. Wir leben besonders dann in der Balance mit uns selbst, wenn es uns gelingt, Mußestunden in unseren Alltag einzubauen.

> *»Es ist besser, zu genießen und zu bereuen,*
> *als zu bereuen, dass man nicht genossen hat.«*
> GIOVANNI BOCCACCIO

Wie gelingt es dir, allein zu sein in der heutigen belebten Zeit?

Oft höre ich in meinen Coachings die Worte: »Ich wollte dies oder das machen, aber fand einfach nicht die Zeit dazu.« Okay, dass kann verschiedene Gründe haben, aber oft stellen wir fest, dass wir es selbst sind, die sich die Zeit nicht nehmen für die Dinge, die uns selbst guttun. Es geht um Eigenverantwortung, und wie das Wort schon sagt, geht es um uns selbst, wir können sie nicht abschieben und auch niemanden dafür verantwortlich machen. Da hat jeder persönliche Vorzüge, was für einen passt, wichtig ist einfach, dass man selbst erkennt, was einem guttut, wo man Energie tanken kann und wofür man eher wieder Energie braucht. Wir sind also für unseren eigenen Energiehaushalt selbst verantwortlich.

Übung 5: Probier's mal mit Gemütlichkeit

Gestern Abend war ich als Referent bei einem öffentlichen Talk eingeladen und auf der Fahrt dorthin saß ich wie so oft im Schweizer Feierabendstau. Da ich aber bewusst genug Zeit für die Fahrt eingerechnet hatte, stresste mich die Situation gerade nicht, ich nahm es gemütlich und ließ in der Zeit einfach ein bisschen meine Gedanken kreisen. Irgendwann hörte ich im Hintergrund im Radio den Disney Klassiker aus dem Film *Das Dschungelbuch* – »Probier's mal mit Gemütlichkeit« – und musste lachen. Früher war ich eher der, der für eine Fahrt von einer Stunde auch eine Stunde

Wie gelingt es dir, allein zu sein in der heutigen belebten Zeit?

eingerechnet hatte, und wenn es irgendwo Stau gab, in Stress geriet und mich aufregte. Dann kam ich oft nicht nur zu spät, sondern auch völlig genervt am jeweiligen Ort an.

Heute rechne ich lieber zwischen meinen Terminen genügend Reserven ein, und wenn ich dann zu früh ankomme, kann ich mich in der noch freien Zeit sehr gut mit mir selbst beschäftigen. Je nach Situation und Zeit gehe ich dann noch in ein Café oder einfach am Ort etwas spazieren. Wenn mich dann etwas Spontanes erreicht, ob positiv oder negativ, kann ich das Ganze eher gemütlich angehen, was meinem Gemüt ja guttut.

Wikipedia Gemüt: »Mit Gemüt wird die durch die Gesamtheit der Gefühls- und Willenserregungen erworbene Einheit und Bestimmtheit der Psyche bezeichnet. Das Gemüt wird dabei – vergleichbar den Emotionen oder der Sinnlichkeit – als Gegenpol zur Intelligenz bzw. dem Verstand gesehen. […] Volkstümlich wird das Gemüt auch mit ›Herz‹ bezeichnet im Gegensatz zu ›Kopf‹. Das Adjektiv zu Gemüt ist gemütlich. Gemütlichkeit bezeichnet in der Umgangssprache eine typisch deutsche, auf Geselligkeit bezogene positive Stimmung.«

Wenn ich also auf mein Gemüt achte, achte ich auch auf meine positive Stimmung, was wiederum mir selbst das Leben vereinfacht. Und wie der Disney-Song sagt: »Denn mit Gemütlichkeit kommt auch das Glück zu dir!«

Wie gelingt es dir, allein zu sein in der heutigen belebten Zeit?

Wir können unsere Intelligenz und den Verstand nutzen, um unseren Gemütszustand positiv zu beeinflussen, indem wir uns nicht aus der Ruhe bringen lassen, genügend Zeit für die Dinge einrechnen, die es zu erledigen gibt; und es dann auch mal gemütlich angehen. Oft ist es bei mir der Sonntag, an dem ich zusätzlich eine große Portion Gemütlichkeit genieße. Einfach den Tag geschehen lassen, sich auch mal ein bisschen in etwas verlieren, ohne gleich das Gefühl zu haben, ich müsste noch dies oder das erledigen. Aber ich lasse nicht nur am Sonntag mehr Gemütlichkeit zu, sondern gönne sie mir auch ungeplant. So kann es sein, dass ich mich ganz spontan in ein Café setze, ein Glas Wein trinke und es einfach für einen Moment gemütlich angehe, auch wenn ich vielleicht gerade einiges erledigen könnte. Klar, wenn etwas wirklich Dringendes ansteht, dann erledige ich das auch. Aber es gibt vieles, was auch warten kann, und so kann ich das Tempo aus meinen Leben herausnehmen. Damit sind wir schon bei der nächsten Übung, der Entschleunigung.

Übung 6: Entschleunige dich selbst

Entschleunigung ist das Gegenteil von Beschleunigung. Vieles in unserem Leben wurde in den letzten Jahren beschleunigt. Gerade bei der Arbeit helfen uns diverse Hilfsmittel, etwas schneller erledigen zu können. Oft ist aber

»schneller« nicht gleich »besser«. Dadurch, dass wir die Dinge schneller erledigen, kann auch die Qualität darunter leiden, oder es entstehen unnötige Fehler. Zudem kann uns diese Beschleunigung in Stress bringen, da wir in uns selbst das Gefühl entwickeln, alles müsse immer gleich postwendend erledigt werden.

Die Post ist ein gutes Beispiel für eine mögliche Übung im Rahmen einer Entschleunigung. Früher brauchte ein Brief ein paar Tage, bis er den Leser erreichte. Heute flitzen E-Mails in Sekundenschnelle hin und her und füllen unsere Mailbox.

Schaut man sich aber das Symbol des Mailprogramms an, dann wird es oft noch als Briefkasten oder einfach als Brief dargestellt. Nur, mit einem klassischen Brief haben die E-Mails leider nicht mehr viel gemeinsam. Nicht nur, dass wir E-Mails oft nicht mit der gleichen Sorgfalt schreiben wie einen Brief, viele Menschen erwarten auch auf eine E-Mail eine möglichst rasche Antwort. Es gibt sogar Unternehmen, die ihren Mitarbeitern anhand von Richtlinien vorgeben, in welcher Zeitspanne sie zu antworten haben.

Ein Brief dagegen bringt eine gewisse Ruhe mit sich, weil man eine allfällige Antwort auch in Ruhe schreiben kann. Aber nicht nur bei den E-Mails ist teils eine gewisse Erwartungshaltung bezüglich der Beantwortung vorhanden, auch bei SMS- oder Chat-Nachrichten ist das der Fall.

Diese neuzeitigen Kommunikationsarten sind absolut nicht schlecht und ich nutze sie auch liebend gern, aber in

> Wie gelingt es dir, allein zu sein in der heutigen belebten Zeit?

meinem Tempo. Ich lasse gern mal eine E-Mail oder eine SMS ein paar Tage auf dem Bildschirm liegen, wenn sie nicht wirklich eine dringende Antwort erfordern. Indem ich das mache, kommt dann auch erst später wieder eine Antwort des Gegenüber zurück. Wenn ich direkt antworte, fordere ich indirekt auch mein Gegenüber auf, mir rasch wieder zu antworten. Und das Spiel geht so weiter.

Versuch es mal und lass mal die E-Mails ein paar Tage liegen, die nicht dringend beantwortet werden müssen, und beobachte, wie sich deine Online-Kommunikation beinahe von selbst entschleunigt. Die Überflutung von Informationen ist in der aktuellen Gesellschaft immer wieder ein Thema. Du kannst dem entgegenwirken, wenn du selbst das Tempo herausnimmst.

Entschleunigung hat viel mit Achtsamkeit zu tun. Indem ich die Dinge achtsamer erledige, sie bewusst und eins nach dem anderen anpacke, nehme ich automatisch auch das Tempo heraus. Es passieren weniger Fehler, weil ich bewusst bei der Sache bin und sie nicht im Stress abarbeite, einfach damit sie vom Tisch sind. Und glaube mir, die Erde dreht sich weiter, auch wenn du das Tempo ein bisschen herausnimmst. Es besteht also keine Gefahr, dass du für den Stillstand der Erde verantwortlich gemacht wirst.

Die Achtsamkeit hilft uns zudem, mit uns selbst achtsamer zu sein, uns wahrzunehmen und selbst festzustellen, wenn wir uns überfordern und somit auch verlieren. Durch

Wie gelingt es dir, allein zu sein in der heutigen belebten Zeit?

Achtsamkeit im Alltag bleibst du bewusst mit dir verbunden und verrichtest dein Tun in einem tiefen Bewusstsein; dann kannst du auch wahrnehmen, wenn es dir eigentlich zu schnell geht. Wenn wir aber durch den Tag fliegen, kann es passieren, dass wir abends nicht genau wissen, was wir getan, gegessen und erlebt haben. Wir sind dann einfach nur froh, dass der Tag vorbei ist und der erholende Teil des Tages beginnen kann.

Was soll das? Ist es wirklich der Sinn unseres Lebens, dass wir den ganzen Tag hin und her hetzen und uns sehnlich auf die freien Abende und Wochenenden freuen, um uns von unserem Alltag zu erholen? Okay, ein gewisser Grad an Anstrengung ist sicher erforderlich, bei vielem was wir tun. Aber wir sollten doch in jedem Moment Freude haben bei dem, was wir tun, und uns nicht erholen müssen, weil wir müde davon sind, uns selbst immer hinterherzurennen. In dem Fall empfehle ich dir das kostenlose Entschleunigungs- und Achtsamkeitsprogramm, das praktisch und ohne Rezept in jedem Moment erhältlich ist. Aber Achtung, Nebenwirkungen sind garantiert, diese wären unter anderem: Genusssteigerung, erhöhtes Lebensgefühl, mehr Glücksmomente und zuletzt auch Freude bei dem, was du tust (oft auch Arbeit genannt).

Entschleunigung und Achtsamkeit gilt nicht nur in der Arbeitswelt, sondern auch im Familien- und Alltagsleben. Oft ist weniger mehr, und wenn wir zu Hause das Tempo ein

Wie gelingt es dir, allein zu sein in der heutigen belebten Zeit?

bisschen herausnehmen, uns mehr Zeit für die Dinge lassen, erleben wir auch mehr Tiefe, als wenn wir nur den vielen möglichen Aktivitäten nachrennen, damit es uns oder den Familienmitgliedern ja nicht langweilig wird. Das Tempo nehmen wir von ganz allein raus, wenn wir unser Tun mit Achtsamkeit verrichten.

Das fängt bereits am frühen Morgen an. Starte offline, gehe nicht direkt ans Smartphone und checke deine E-Mails und Nachrichten. Anstatt beim Duschen schon an die anstehenden Arbeiten im Büro zu denken und deinen Puls schon zu erhöhen, kannst du ganz bewusst die Dusche genießen. Achte auf das Wasser, wie es sich anfühlt auf deiner Haut, und wie gut das Gefühl dabei in dir ist, wenn du dich äußerlich reinigst. Die Arbeiten im Büro kannst du erledigen, wenn du im Büro bist, aber jetzt wird erst einmal bewusst gefrühstückt. Einfach jeden Bissen und jeden Schluck bewusst aufnehmen und du wirst merken, wie ruhig dein Atem bleibt.

Genauso geht es weiter, wenn du dich in den Zug oder ins Auto setzt und zur Arbeit fährst. Anstatt auf dem Smartphone schon die morgendlichen Zeitungsnachrichten zu lesen, beobachtest du deine Umgebung. Du wirst merken, wie ruhig und bewusst du am Arbeitsort ankommst. Jetzt darfst du ran an den Speck, dich richtig der Arbeit achtsam hingeben, also eins nach dem anderen bewusst erledigen, und du wirst sehen, wie genussvoller deine Arbeit wird.

Wie gelingt es dir, allein zu sein in der heutigen belebten Zeit?

Es soll ja nicht sein, dass du Arbeit nur als Mittel zum Zweck siehst, sondern die neun Stunden am Tag sollen dir schon noch ein bisschen Spaß machen. Gönn dir zudem zwischendurch bewusste Pausen, in denen du wieder nicht die News auf deinem Smartphone liest, sondern einfach nur ein paar Minuten ruhig bist und richtig tief durchatmest, einen Tee trinkst und diesen mit jedem Schluck genießt. Fülle deinen Köper wieder mit frischer Luft und gesunden Kräutern und reinige durch das Ein- und Ausatmen deinen Gedankentopf, indem du sie loslässt, einfach dem Atem mitgibst.

So gehst du den ganzen Tag weiter und gönnst dir zwischendurch immer auch dich selbst, voll und ganz! Dafür reichen kurze Momente des Nichtstuns, egal wo du gerade bist. Unternimm immer wieder kurze Reisen in dich selbst!

Übung 7: Wenn du verreist, reist du in dich

Man sagt doch so schön »Distanz gibt Nähe«. Das stimmt, und zwar auf verschiedenen Ebenen, nämlich zu seinem Umfeld und zu der Nähe zu sich selbst. Wenn ich verreise, lasse ich mein gewohntes Umfeld, meine Freunde zu Hause und begebe mich in neue, unbekannte Gefilde, was mich gleichzeitig auffordert, mich im neuen Ort selbst wahrzunehmen. Keine Sicherheiten und gewohnte Tagesabläufe geben mir einen Rhythmus, sondern das Neue, Unbekann-

> Wie gelingt es dir, allein zu sein in der heutigen belebten Zeit?

te fordert mich selbst. Ein Reise kann dann immer auch eine Reise in mich selbst bedeuten. Ich kann mich sauwohl fühlen, weil ich mich viel mehr wahrnehme und keinen vollgepackten Terminkalender vor mir sehe.

Oder ich kann auch Heimweh, eine Leere, wahrnehmen, weil ich mich einsam fühle und mich schon nach kurzer Zeit wieder darauf freue, heimzukehren. Das wäre dann genau das emotionale Zeichen, das mir zeigt, dass ich mich in meinen Alltag zu sehr auf meine Muster, mein Umfeld oder meine Dinge außerhalb von mir konzentriere und ich zu wenig mit mir selbst sein kann.

Eine Reise, und wenn auch nur für einen Tag, die mich aus dem gewohnten Umfeld bringt, kann ein gutes Instrument sein, um meine Fähigkeit des Alleinseins, bei mir seins zu testen. Wenn ich mich dabei nicht wohlfühle, am liebsten gleich oder bald wieder heim möchte, dann wissen wir, was geschlagen hat. Bei diesen Reisen ist es natürlich wichtig, dass du nicht die ganze Zeit an deinem Smartphone hängst und du dich so wieder mit deinem Umfeld verbindest, indem du Foto postest oder schaust, was deine Freunde zu Hause so machen.

Der Zufall will es, dass ich gerade jetzt, in diesem Moment, in dem ich diesen Abschnitt schreibe, in einem Flugzeug sitze, das mich für eine kleine Buchtour in die USA bringt. Ich liebe es, im Flugzeug zu schreiben. Dieses Gefühl von abheben, wegfliegen aus meinem gewohnten Umfeld, öffnet

Wie gelingt es dir, allein zu sein in der heutigen belebten Zeit?

meinen Geist, inspiriert mich, und ich schreibe fast wie im Schlaf. Zudem liebe ich die digitale Ruhe, die absolute Unerreichbarkeit. Welch ein Luxus, nicht einmal die Versuchung kann mich davon abhalten. Und daran ändert auch dieser im Bordmagazin gerade entdeckte Hinweis nichts:

»Erinnern Sie sich an diese langen Flüge, die endlosen Stunden ohne Kontakt zu Ihren Freunden? Als Sie keinen Zugang zu den wichtigen Mails hatten, die hätten umgehend beantwortet werden müssen? Damit ist jetzt Schluss: Sie können ab sofort per Internet in Kontakt bleiben, genau so wie am Boden. Lehnen Sie sich zurück und genießen Sie ihren Flug. Chatten Sie mit Freunden, schreiben Sie Mails oder reservieren Sie sich noch einen Tisch im Restaurant. Nutzen Sie die Zeit an Bord und kommen Sie entspannt an.«

Okay, vielleicht geht es nur mir so und ich finde diesen Fortschritt unmöglich? Aber für mich gilt, dass mir dieser Hoheitsraum der Lüfte sicher nicht noch durchs Chatten mit Freunden genommen wird. Ich kann auch offline arbeiten, wenn ich das will, und die Zeit »sinnvoll« nutzen, falls es sich um eine Businessreise handelt, aber die Welt geht nicht unter, wenn ich eine E-Mail nicht direkt versenden kann. Sie geht ja auch nicht unter, wenn ich schlafe, dann bin ich ja auch offline. Diese hilfreiche Zone für eine kurze digitale Entgiftung halte ich ja wohl noch ein paar Stunden aus? Im Gegenteil, ich liebe sie, und wenn ich gelandet bin, ziehe ich

Wie gelingt es dir, allein zu sein in der heutigen belebten Zeit?

sie oft gleich noch so lange weiter, wie ich gerade Lust habe. Oft stehe ich am Gepäckband und die meisten Menschen um mich herum schauen die ganze Zeit total gestresst auf ihr Mobile und das Gepäckband. Und noch schlimmer, wenn ich dann in der Bahn oder im Bus Richtung Stadtzentrum fahre, sind es die gleichen Menschen, die noch immer am Smartphone hängen, anstatt mal aus dem Fenster zu schauen und das neue Land zu betrachten. Im Hotel angekommen, ist meist die erste Frage beim Checkin: »Wie heißt das WiFi-Passwort?«

Falls du dich durch die Zeilen angesprochen fühlst, dann muss ich dir leider sagen, dass du eventuell ein bisschen onlinesüchtig bist. Du wirst nun vielleicht so etwas sagen wie: »Nein, nein, ich habe das im Griff und mein Beruf verlangt das von mir« oder »Ich pflege einfach gern meinen Freundeskreis«, dann tut es mir natürlich leid, dass ich das Thema angesprochen habe und verstehe dich total. Du bist dann wirklich eine sehr wichtige Person, und ich bin froh, dass du deine Pflichten so fleißig wahrnimmst, sonst würde unsere Welt ja wirklich bald untergehen, und viele Menschen würden vereinsamen, weil du dich nicht online mit ihnen verbindest.

Aber vielleicht erkennst du doch auch ein paar Onlinemuster, die sich bei dir eingeschlichen haben und die du wieder loswerden möchtest, oder dass du durch deine Erreichbarkeit zum Sklaven deines Smartphones geworden bist. Dafür gibt es eine super Funktion auf deinem Smartphone:

Wie gelingt es dir, allein zu sein in der heutigen belebten Zeit?

Den Flugmodus! Paradox oder, das Smartphone bietet einen Flugmodus, und nun schreiben die im Flugzeug, man soll doch online gehen, damit man entspannt ankommt. Lustig!

Ich habe trotzdem einen Gratistipp, der sich vielleicht mal lohnt auszuprobieren: Schalte den Flugmodus an deinem Smartphone einfach mal ein, auch wenn du nicht im Flugzeug sitzt, und schau, was dann mit dir passiert. Wie lange hältst du es aus ohne Onlineverbindung? Beobachte das Gefühl, das in dir aufkommt, wenn du ihn aktiviert hast. Die Funktion ist beinahe, als wenn du verreist, denn du verreist für die Zeit aus der Onlinewelt voll und ganz in deine aktuelle Umgebung. Du kannst dann ganz beruhigt an deinem Schreibtisch sitzen und deiner aktuellen Arbeit nachgehen oder auch im Café sitzen und an dem Leben um dich herum, das wirklich stattfindet, teilhaben, ohne dich ständig online mit einer anderen Welt und deinen Freunden, die gerade an einem ganz anderen Platz auf dieser Erde sind, verbinden zu müssen.

Oder eine andere nicht ganz so heftige Entzugsmaßnahme und ein erster Schritt wäre, dass du die Push-Nachrichten ausschaltest, dass heißt, dass du dir nur noch dann die Informationen holst, wenn du bereit dazu bist; und sie dich nicht ständig stören, indem sie dich durch Klingeln oder Vibrieren von der eigentlichen Sache ablenken. Wie schon ein paar Mal gesagt, bin ich ein riesiger Fan des Smartphones, finde es auch wirklich smart, aber nur dann, wenn ich es will. Ich hole mir die Informationen, lese E-Mails oder

> Wie gelingt es dir, allein zu sein in der heutigen belebten Zeit?

schreibe Nachrichten damit, wenn ich bewusst Zeit dafür habe oder mir nehme. Viele von uns haben es mit dem Gebrauch des Internets und des Smartphones ein wenig übertrieben. Es ist an der Zeit, dass wir das Internet wieder in den Griff bekommen, bevor unsere Nachkommen mit geneigtem Kopf und starrem Blick nach unten sowie einem krummen Smartphone-Daumen geboren werden.

Aber zurück zum Thema »Verreisen in uns selbst«. Wie gesagt, es heißt nicht, dass du in einen Zug, ein Auto oder Flugzeug steigen musst, um wieder mehr zu dir zu finden. Du kannst auch einfach zu Hause in dich reisen, aber das Verlassen des gewohnten Umfelds kann dir zusätzlich zeigen, wie gut du dich allein und mit dir selbst beschäftigen kannst. Und das »Verreisen in uns selbst« bedeutet auch nicht, dass du dafür wirklich allein sein musst, du also deinen Partner, deine Familie für die Zeit zum Teufel schicken musst. Nein, aber dazu kommen wir detaillierter in der nächsten Übung.

Wenn wir uns aber vorher noch einmal kurz auf die physischen Reisen konzentrieren und du dabei feststellst, dass du diese Reisen genießen kannst und keinen Drang hast, dich so bald wie möglich wieder mit deinem Zuhause zu verbinden, dann kannst du gut mit dir sein. Wenn du nämlich dein eigenes Zuhause bist, dann hast du auch nicht den Drang, so rasch wie möglich in dein räumliches Zuhause zurückzukehren.

> Wie gelingt es dir, allein zu sein in der heutigen belebten Zeit?

An seinen Wohnort zurückzukehren, kann für einige Menschen ein unschönes Gefühl auslösen. Wenn das Heimkommen nicht schön ist, dann kann es sein, dass wir uns daheim eigentlich gar nicht daheim fühlen, weil wir zum Beispiel nicht mit unserem Job zufrieden sind oder das Leben daheim einfach Stress bedeutet. Heimzukehren ist immer dann besonders schön, nicht weil wir es an einem anderen Ort nicht aushalten, sondern weil wir in uns selbst zu Hause sind und wir dem örtlichen Daheim neutral gegenüberstehen. Kommen wir doch also zuerst zu uns selbst heim, bevor wir nach Hause kommen, dann müssen wir auch nicht mehr wegfahren, um uns selbst zu finden, sondern egal wo wir sind, wir sind dann zu Hause bei uns.

Hier noch ein persönlicher Tipp, den ich selbst sehr oft anwende, wie du deine alltäglichen Reisen bewusster zum Erlebnis machen kannst. Und zwar nehme ich mir vor, dass ich mich heute auf eine Entdeckungsreise begebe, nicht an einem besonderen Tag, nein, gerade heute. Auch wenn ich keine speziellen Pläne habe, mache ich es einfach mal anders und entdecke dabei ganz neue Dinge. Zum Beispiel: Anstatt das Auto benutze ich den Zug. Ich bin dabei achtsam und schaue mich auf dem Bahnsteig, im Zug oder auf dem anschließenden Laufweg ins Büro bewusst um. Der Blick aufs Smartphone ist in der Zeit verboten und es bleibt lautlos ganz unten in meiner Aktentasche. Durch das Brechen dieses täglichen Musters begebe ich mich auf eine

Wie gelingt es dir, allein zu sein in der heutigen belebten Zeit?

kleine morgendliche Entdeckungsreise, und weil ich gleichzeitig meine Unerreichbarkeit und Achtsamkeit trainiere und genieße, entdecke ich vielleicht ein neues Café auf meinem Arbeitsweg, das den besten Espresso der Stadt macht, lerne einen Menschen im Zug kennen, der mich inspiriert, oder höre die Vögel pfeifen, während ich auf dem Bahnsteig auf den Zug warte.

So oder so, durch diese Reise habe ich nichts zu verlieren, ich kann nur gewinnen, und wenn es nur mich selbst ist. Vielleicht brauche ich mit dem Zug ein bisschen länger für die Reise, aber die Zeit gehört ja mir, ich kann sie so einteilen, wie ich will und der Mehrwert der zusätzlichen Zeit, die ich für mich nehme, ist mir garantiert. Brich also auch du deine täglichen Muster von Zeit zu Zeit und gehe zum Beispiel mal in deinen Pausen anstatt mit deinen Arbeitskollegen in ein Restaurant, einfach allein auf eine Parkbank oder in ein Café und gönne dir selbst einen Ruhemoment, ohne direkt gesuchte soziale Kontakte oder durch den Blick auf dein Smartphone. Diese bewussten kurzen Reisen in dich selbst helfen dir, die Tagesereignisse für dich selbst anzunehmen.

Auch hier erlaube ich mir noch ein kurzes persönliches Beispiel. Wenn ich in längeren Meetings sitze und sich die Diskussionen häufen, habe ich danach das Bedürfnis, meinem Kopf ein bisschen Ruhe zu gönnen. Ich nehme dann meine Hündin an die Leine, die ab und zu mit mir ins Büro kommt, und wir gehen auf einen kurzen Spaziergang.

Wie gelingt es dir, allein zu sein in der heutigen belebten Zeit?

Das hilft mir, den Gedanken freien Lauf zu lassen und mich selbst wieder zu ordnen, bevor ich mich direkt wieder ins nächste Meeting oder an den Laptop stürze oder eine weitere kopflastige Arbeit angehe. Diese 15 Minuten »Auszeit« machen die folgenden Stunden »Arbeitszeit« viel effektiver und auch produktiver, weil mein Energielevel durch die kurze Zeit für mich selbst wieder steigt. Das Alleinsein, bei sich sein, dient also auch der Regeneration, man kann Dinge innerlich klären. In vielen Kulturen rund um diesen Planeten ist der innerliche Rückzug ein wichtiger Prozess.

Also noch einmal zusammengefasst, was einer der Nutzen dieser siebten Übung ist: Wenn wir uns aus dem gewohnten Umfeld herausbegeben, auf Reisen gehen, können wir anstatt des Gefühls des Einsamfühlens, das Gefühl der unabhängigen Freiheit erfahren. Ich bin mir selbst genug, was mich frei macht. Ich brauche niemand anderen, um mich wohlzufühlen. Es ist zwar schön, wenn andere Leute da sind, aber sie sind nicht absolut notwendig, damit ich mich gut fühle.

Übung 8: Allein zusammen sein – das Alleinsein in der Partnerschaft

Viele Menschen, die ohne Partner oder Familie leben, fühlen sich deswegen noch lange nicht einsam. Es gibt dagegen auch Menschen in Partnerschaften oder Familien, die sich

Wie gelingt es dir, allein zu sein in der heutigen belebten Zeit?

trotzdem einsam fühlen. Das kann verschiedenste Ursachen haben, zum Beispiel, wenn sich die Person im familiären Umfeld nicht akzeptiert fühlt und sie damit überfordert ist, mit sich selbst zu sein. Oder das bestehende familiäre Umfeld kann ihr dieses Mangelgefühl nicht nehmen, weil sich der einsam Fühlende nur anhand der Liebe und Fürsorge der anderen ausrichtet und sich selbst ohne die ständige Bestätigung des familiären Umfeldes nicht wohlfühlt. Einen Partner oder eine Familie zu haben, ist also noch lange keine Garantie, dass sie mich vor dem Einsamfühlen bewahrt.

In einer Partnerschaft oder Familie allein sein zu können, für sich selbst sein zu können, ist absolutes Pflichtprogramm. Zwar kann geteiltes Leid halbes Leid sein, aber schlussendlich bin ich es immer selbst, der das Leid hinter sich bringen muss. Ein familiäres Umfeld kann mich unterstützen und auch in meiner Entwicklung fördern, mich spiegeln, kritisieren, andere Sichtweisen aufzeigen oder bestärken, im Guten wie im Schlechten. Trotzdem ist ein familiäres Umfeld nie die Garantie und kein Heilmittel, um sich nicht weiter einsam zu fühlen, es kann höchstens einiges kompensieren.

Suche ich eine Partnerschaft, weil ich mich einsam fühle, dann suche ich eigentlich nach einer Kompensation für mein eigenes Manko mit mir selbst. Begebe ich mich aber in eine Partnerschaft, weil ich mein Glück und meine Liebe teilen möchte, um einander gegenseitig zu fördern und vorwärts zu bringen in eigenen wie auch in gemeinsamen Zielen, dann kommt sie auf mich zu und ich bin nicht auf der Suche nach ihr.

Ein Mensch, der allein sein kann, sucht nicht nach einer Partnerschaft, ihm geschieht sie. Und wenn man sie dann mal hat, dann ist es besonders ratsam, trotz allen Glücksgefühlen und Hormonschubattacken, sich selbst treu zu bleiben. Glaubt mir, ich spreche aus eigener Erfahrung. Zweimal in meinen Leben ist es mir passiert, dass ich die rosarote Brille aufgesetzt hatte, sie nach drei Monaten das erste Mal wieder absetzte und mit Schrecken feststellte, wie ich mich verbog, mir selbst untreu war. Was ich tat und sagte, nur um der neuen Liebe zu gefallen. Als ich die Brille absetzte, war es schon zu spät, zu sehr hatte ich mich selbst verbogen, als dass ich einfach wieder ich selbst sein konnte.

Nach der ersten rosaroten Phase, in der ich oft nicht ich selbst war, nicht bei mir war, kam genau dieses Bedürfnis wieder auf: Ich wollte wieder bei mir sein, ich selbst sein und mich nicht nur als Teil dieser Partnerschaft sehen. Es musste mich doch auch wieder allein geben, auch in der Partnerschaft. Ich habe es dann zwar versucht, aber das löste dann natürlich Streit aus und die Beziehungen hielten nicht mehr lange.

Als ich dann wieder Single war, fühlte ich zwar anfangs eine persönliche Enttäuschung, da es nie einfach ist, sich von einem lieben Menschen zu trennen, aber ich fühlte

Wie gelingt es dir, allein zu sein in der heutigen belebten Zeit?

mich gleichzeitig auch befreit für mich selbst, weil ich wieder ich selbst sein konnte. Keinesfalls möchte ich meinen Partnerinnen die Schuld dafür geben, dass ich mich verbogen hatte, nein, ich selbst war schuld daran, weil ich ihnen gefallen wollte.

Nach den Mottos »Aller guten Dinge sind drei« und »Ich darf Fehler machen, auch zweimal die gleichen, aber nicht dreimal« bin ich mir dann beim dritten Anlauf selbst treu geblieben, und meine heutige Frau hat mich so kennen und lieben gelernt wie ich wirklich bin. Ich fühle mich in der Beziehung frei und geborgen.

Geborgenheit, einfach ein tolles Wort, wie *Wikipedia* weiß: »Mit dem Ausdruck Geborgenheit wird ein Zustand des Sicherheits- und Wohlgefühls beschrieben. Geborgenheit ist mehr als nur Sicherheit, Schutz und Unverletzbarkeit; Geborgenheit symbolisiert auch Nähe, Wärme, Ruhe und Frieden. Der Ausdruck gilt gemeinhin als unübersetzbar, existiert aber auch im Niederländischen und im Afrikaans, fehlt jedoch etwa im Englischen, Französischen und Russischen.

Das Wort wurde 2004 im Rahmen eines internationalen Wettbewerbs, den Deutscher Sprachrat und Goethe-Institut initiierten, zum zweitschönsten Wort der deutschen Sprache gekürt. Es wurde von Annamaria Musakova aus der Slowakei eingereicht mit der Begründung, dass in ihrer Sprache ein äquivalenter Terminus fehle.

Wie gelingt es dir, allein zu sein in der heutigen belebten Zeit?

Der Psychologe Hans Mogel bezeichnet Geborgenheit als zentrales Lebensgefühl. Seine Definition umfasst die Begriffe Sicherheit, Wohlgefühl, Vertrauen, Zufriedenheit, Akzeptanz und Liebe durch andere. Psychologen und Pädagogen betrachten die Erfahrung von Geborgenheit in der Kindheit als wesentlich für die Entwicklung einer stabilen Persönlichkeit. Ferner ist Geborgenheit eine Grundvoraussetzung für das kindliche Spiel.«

Ich kann daraus erkennen, dass das Gefühl von Geborgenheit sehr wichtig ist für unsere eigene Entwicklung der Persönlichkeit. Das Gefühl wird zwar vor allem durch das Zusammenleben mit Menschen ausgelöst, aber damit wir es überhaupt erfahren können, müssen wir selbst mit uns Nähe, Ruhe und Frieden erfahren, sonst können wir es auch nicht von außen her annehmen.

Ein familiäres Umfeld ist noch lange keine Garantie dafür, dass ich mich nicht einsam fühle, ich selbst muss dieses Gefühl bewältigen und bei mir sein können, um in einem familiären Umfeld eine Stütze und nicht eine dauerhaft Belastung darzustellen. Wenn der Partner oder sogar die Kinder die eigenen Schwächen kompensieren sollen, dann können Krisen und Streitereien nicht ausgeschlossen werden. Wer von einer Beziehung in die nächste rennt, kann meistens nur schlecht allein bei sich sein, sondern richtet seine Entwicklung und Entscheidungen oft fast nur an seinem Partner aus.

Wie gelingt es dir, allein zu sein in der heutigen belebten Zeit?

Es ist also auch für eine gute und gesunde Beziehung nötig, dass man allein funktionieren kann, was nicht heißt, dass man sich dafür unbedingt räumlich trennen muss. Zusammen in einem Raum zu sein und zusammen zu schweigen, kann genau so angenehm sein wie zusammen zu reden. Meine Frau und ich können das wirklich sehr gut. Wir genießen uns auch, wenn wir zusammen schweigen, wenn jeder sein Ding macht und wir trotzdem zusammen sind.

Vor zwei Jahren waren wir mit einem Freund für eine Woche in Frankreich, und wieder zurück in der Schweiz, hat er mir gesagt, was ihn am meisten beeindruckt und gefallen hat in der Woche. Ich erwartete, er meinte den guten Wein, das feine Essen oder das herrliche Wetter. Nö, ich lag total falsch. Ihm gefiel am meisten, dass wir abends einfach alle drei draußen im Garten der Wohnung saßen und jeder für sich etwas machte, wir stundenlang schwiegen und es jeder für sich selbst auf seine Art genossen hat.

Dieses Gefühl mit mir selbst zu sein, auch wenn Menschen um mich herum sind, genieße ich immer sehr. Eben, geborgen, aber frei. Ich habe keinen Anspruch, dass mich mein Umfeld ständig unterhalten muss, wenn wir zusammen sind. Ich kann selbst für meine Unterhaltung sorgen. Ich will meine Partnerin nicht verantwortlich machen für mein Glück, aber ich möchte mein Glück mit ihr teilen und es so verdoppeln. Ich möchte mit ihr nicht nur reden, sondern auch schweigen können. Wir haben schon oft Paare

Wie gelingt es dir, allein zu sein in der heutigen belebten Zeit?

beobachtet, die sich beim Schweigen nicht wohlfühlen, die die gemeinsame Stille nicht aushalten.

Du solltest dich also im Rahmen dieser Selbstreflexionsübung selbst fragen, ob du einen Partner an deiner Seite brauchst, der dich erst als einen vollwertigen Menschen, als Ganzes fühlen lässt? Oder gehst du eine Partnerschaft ein, weil du eine Kompensation deines mangelnden Selbst suchst, du dich nicht gern allein beschäftigst und so viel wie möglich zusammen mit deinem Partner unternehmen möchtest?

Nicht nur für Erwachsene ist es wichtig, dass wir uns geborgen fühlen und allein mit uns selbst sein können, genauso wichtig ist es auch für Kinder, dass sie sich mit sich allein beschäftigen können. Allerdings funktioniert das nur, wenn sie sich im entsprechendem Umfeld geborgen fühlen. Viele Eltern glauben, sie müssten sich mit ihrem Nachwuchs beschäftigen, sobald er die Augen aufschlägt, aber wie Studien gezeigt haben, stärkt das allein Spielen bei Kindern das Selbstwertgefühl und die eigene Kreativität. Kindern sollten also zwingend lernen, sich mit sich selbst zu beschäftigen, um später im Erwachsenenleben auch sich selbst aushalten zu können.

Ich habe in meinem ersten Buch *Annehmen und Loslassen* ein ganzes Kapitel über die bedingungslose Liebe geschrie-

Wie gelingt es dir, allein zu sein in der heutigen belebten Zeit?

ben und möchte sie hier noch einmal kurz aufführen, weil sie für mich ebenso tragend ist für eine funktionierende Beziehung wie Geborgenheit und das Alleinsein. Die bedingungslose Liebe erstreckt sich über alles, sie ist aus meiner Sicht die Grundenergie der Schöpfung, und darum soll sie in diesem Buch ihren Platz finden, aber es würde hier zu weit gehen, wenn ich meine Gedanken dazu nochmals aufführen würde. Wir konzentrieren uns hier ausschließlich auf die bedingungslose partnerschaftliche und familiäre Liebe, basierend auf der bedingungslosen Selbstliebe.

Die bedingungslose Selbstliebe ist sozusagen die Basis der menschlichen Liebesempfindung. »Liebe dich selbst wie deinen Nächsten …« Und wo fängt die Nächstenliebe an? Bei dem Menschen, der dir am nächsten ist: Du selbst! Wenn du dich selbst nicht liebst, kannst du auch nichts um dich herum wahrhaftig lieben. Du bist dann nicht fähig, ein reines, durch Liebe genährtes Leben zu anderen Menschen, Tieren oder Sachen zu führen, denn du versuchst, die Teile, die du an dir nicht liebst, mit Dingen, die außerhalb von dir liegen, zu kompensieren. Das können materielle Dinge sein, Verhaltensweisen, eine Partnerschaft mit einem oder mehreren Menschen oder andere verrückte Dinge. Wenn du dein Glück vermehren möchtest, musst du deine Liebe zu dir vermehren. Erst wenn du dich selbst bedingungslos liebst, kannst du dich wahrhaftig für die bedingungslose Liebe zu einem Partner oder zur Familie öffnen und eine harmonische Beziehung erwarten.

Wie gelingt es dir, allein zu sein in der heutigen belebten Zeit?

Wenn wir angefangen haben, uns selbst bedingungslos zu lieben, sind wir bereit für die bedingungslose partnerschaftliche Liebe – die wohl komplexeste Liebe unserer Gesellschaft. Kein Thema bewegt uns mehr. Beinahe jedes Buch, jeder Film, jede Zeitschrift berichtet täglich über die partnerschaftliche Liebe und versucht, den Schlüssel dazu zu finden. Wir geben ihr so viel Aufmerksamkeit, dass wir ihr oft die Selbstliebe, familiäre Liebe, Nächstenliebe oder auch Objekt- und Ideenliebe unterordnen, was langfristig nicht gut für die Balance ist. Man sagt ja auch »Liebe macht blind«, und das stimmt, das kann oft auch die Ursache für spätere Beziehungsprobleme sein. Anfangs ist alles rosarot, und es scheint einfach perfekt, wie es ist. Mit der Zeit kann es aber passieren, dass ein oder sogar beide Teile der Beziehung die rosarote Brille abziehen und die Harmonie verschwindet langsam, weil die eigenen Werte wieder in den Vordergrund rücken. Die Werte, die man während der Verliebtheit nicht kundgegeben hat, um den Partner nicht zu enttäuschen.

Dabei ist es geradezu unumgänglich für eine dauerhafte Liebesbeziehung, dass wir unsere Werte auch in der Phase der Verliebtheit vertreten, sodass das Gegenüber überhaupt die Möglichkeit bekommt, unser wahres Gesicht erkennen zu können und uns auch deswegen zu lieben lernt. Es ist also wichtig, dass wir eine partnerschaftliche Beziehung nicht eingehen, damit wir uns nicht mehr einsam fühlen, sondern weil diese unser eigenes Leben bereichern und fördern kann. Das funktioniert aber nur, wenn ich mir selbst genug

> Wie gelingt es dir, allein zu sein in der heutigen belebten Zeit?

bin und nichts von meinem Partner fordere, damit ich selbst glücklich sein kann, denn sonst kann die Beziehung für diesen schnell zu einem Gefängnis werden.

Der Begriff Beziehung steht zwar im engen Zusammenhang mit den Begriffen »Struktur« und »System«, und eine gewisse Beziehungsstruktur sollte auch herrschen, jedoch sollte diese Struktur beiden Partnern immer noch genug Freiheiten lassen, damit die eigene Entwicklung und somit die gegenseitige Inspiration möglich ist. Struktur bedeutet keine Abhängigkeit, denn sobald du auch allein sein kannst, mit dir sein, wirst du dich von niemandem mehr abhängig fühlen und es entsteht eine tiefe Gelassenheit in dir. Das heißt aber nicht, dass du deinen Partner nicht mehr liebst, im Gegenteil, du liebst ihn ehrlicher und aufrichtiger denn je, denn du liebst ihn so, wie er ist und nicht, weil er etwas für dich erfüllen muss. Eben bedingungslos, geborgen, aber frei.

Während unseres ganzen Lebens streben wir nach Freiheit. Wir wollen uns frei bewegen, wir wollen unsere Meinung frei äußern können, unser Job soll uns Geld bringen, das uns wiederum die Freiheit gibt, Dinge zu kaufen oder zu tun, die wir aus »frei«em Willen in unserer »Frei«zeit machen wollen. Wir wollen Herr unserer eigenen Entscheidungen sein, also die Freiheit zur Entscheidung haben. Die Strafe für ein Verbrechen ist das Gefängnis, also der Entzug der Freiheit. Unsere Beziehungen sollten sich aber nicht wie ein Gefängnis anfühlen, und warum leben wir dann diese Freiheit nicht auch in unseren Beziehungen? Natürlich auch immer mit der bedingungslosen Liebe und dem damit verbundenen Respekt und einer Ausgeglichenheit. Freiheit und Alleinsein stehen also nahe beieinander, wenn sie nicht sogar für das Gleiche stehen. Denn das Alleinsein, mit sich sein zu können, bedeutet in jeder Form auch Freiheit, wenn man es aus eigenem Wunsch und Verlangen tut.

Wenn wir also nach der absoluten Freiheit streben, müssen wir zuerst das Alleinsein entdecken. Und erst wenn wir mit uns allein glücklich sein können, können wir auch eine glückliche und harmonieerfüllte Beziehung führen. Denn dann können viele negative Gefühle wie Eifersucht, Neid oder Besitzergreifung gar nicht aufkommen, weil unser Selbstwertgefühl stärker ist, als wenn wir eine Beziehung eingehen, um unser Glück in dieser zu finden. Allein sein und Selbstwertgefühl haben viel miteinander zu tun, was wir noch vertieft anschauen werden. Vorher aber noch die letzte Übung, denn wenn wir es schaffen, Zeit fürs Alleinsein einzuplanen, müssen wir uns dann nur noch aushalten können.

Übung 9: Allein zu sein, heißt, sich aushalten zu können

Es gibt viele Menschen, die halten sich selbst kaum aus; für diese Menschen ist die eigene Stille die reinste Horrorvorstellung. Warum das so ist, kann verschiedenste Gründe haben. Zum Beispiel kann das mit der eigenen Unsicher-

Wie gelingt es dir, allein zu sein in der heutigen belebten Zeit?

heit zu tun haben und derjenige lenkt sich durch ständiges »etwas Tun« davon ab. Oder Ruhe und Stille zwingen jemanden dazu, sich mit sich selbst beschäftigen zu müssen und dabei würden ihm vielleicht eigene Wunden aufgezeigt. Wenn man nämlich in sich hineinhört, kann es schon mal vorkommen, dass das Innere anfängt, mit einem über Geschehenes zu sprechen, und das in Form von Emotionen, die wie aus dem Nichts hochkommen. Diese Prozesse können zwar für den Moment schmerzhaft sein, aber langfristig kann so sichere und bessere Heilung eintreten, als wenn die Sachen ein Leben lang durch dauernde Beschäftigung verdrängt werden. Zudem ist die ständige Beschäftigung, immer etwas los zu haben, auch anstrengend für Körper und Geist und kann im schlimmsten Fall früher oder später zu einem totalen Zusammenbruch führen. Dann wird man gezwungen, mit sich selbst zu sein, aber dann wird das Unterfangen schwieriger, weil einem durch den Zusammenbruch die Kraft dazu fehlt.

Allein sein, mit sich sein, bedeutet also nicht, nur allein in einem Raum oder an einem Ort sein zu können und sich dabei allein mit etwas zu beschäftigen, sondern allein sein heißt auch, sich auch aushalten zu können und folglich einfach nichts zu tun, sich selbst nur geschehen zu lassen, sich selbst zu beobachten, sich selbst zu erfahren, sich selbst zu erleben und im besten Fall sich selbst zu genießen.

Ich kenne Menschen, und ich bin sicher, du kennst auch welche von der Sorte, die halten die Ruhe einfach nicht aus,

Wie gelingt es dir, allein zu sein in der heutigen belebten Zeit?

selbst wenn sie in einer Gruppe sind und für einen Moment Ruhe einkehrt, weil es gerade nichts gibt, worüber gesprochen wird, dann fangen sie an zu pfeifen oder singen, um die Stille zu überbrücken, bis jemand wieder etwas sagt und man dann ihre Erleichterung sichtlich wahrnehmen kann. Nicht nur, dass sie die Ruhe in der Gruppe nicht aushalten, sie halten auch ihre eigene Ruhe nicht aus. Falls du einer dieser Menschen bist, kannst du es nun für dich zugeben. Die Menschen, die ich kenne, die sich selbst fast nicht aushalten, geben es nur ungern zu, dass es so ist.

So frech wie ich bin, spreche ich sie einfach auch mal darauf an und sage mit einem humorvollen und zwinkernden Auge: »Hey, kannst du auch mal einfach nichts tun?« Die Antwort ist dann meist dieselbe: »Ich kann sehr gut nichts tun, aber das Schlimme ist, dass ich eben so gern etwas mache. Ich tue nicht nichts, weil ich nicht nichts tun kann, ich mache immer etwas, weil ich so gern etwas tue.« Und das sagen sie meistens genau so mit einem humorvollen und zwinkernden Auge, weil sie eigentlich wissen, dass sie die Ruhe kaum aushalten und sie mir gerade eine hübsche Ausrede aufgetischt haben. Ich bin kein Richter und mische mich auch nicht in deren Leben ein, nur bin ich manchmal selber froh, wenn mich meine Frau oder ein Freund mal an mich selbst erinnert, wenn ich gerade überschäume vor positiver Beschäftigungswut. Aber zum Glück ist mein eigener Wunsch nach dem Alleinsein und für die eigene Ruhe schon so ausgeprägt, dass ich die Signale fast immer genau-

> Wie gelingt es dir, allein zu sein in der heutigen belebten Zeit?

so schnell wahrnehmen kann wie das Signal von Hunger oder Durst. Ich liebe die Menschen und das Zusammensein, aber genauso liebe und brauche ich auch Stunden der Einsamkeit und der geistigen Ruhe, um selbst in der Balance zu bleiben. In den Stunden kann ich wie ein stiller Beobachter meiner selbst mich und meine Handlungen rückwirkend beobachten, sie annehmen und so loslassen.

Falls du dich also tatsächlich kaum aushältst, dann hätte ich da eine einfache Übung, wie du das Aushalten und Alleinsein trainieren kannst:

Plane bewusst kurze Momente in deinen Tag ein, in denen du allein bist und dich mit dir selbst beschäftigen musst. Das bedeutet auch, dass du in dieser Zeit nicht am Handy oder Computer hängst oder dich mit anderen Menschen übers Internet verbindest. Anfangs wird es dir einfacher gemacht, wenn du dich in der Zeit des Alleinseins auf etwas konzentrierst, dich in der Zeit selbst beschäftigst. Das kann ein Spaziergang sein oder du setzt dich auf eine Parkbank in der Stadt und beobachtest das Treiben der Menschen um dich herum.

Als Nächstes kannst du Momente des Nichtstuns, der eigenen absoluten Stille einplanen. In den Momenten sitzt du einfach da und genießt dich selbst. Das können anfangs nur fünf Minuten sein und du kannst von Woche zu Woche einige Minuten hinzunehmen. Je länger du es trainierst, umso mehr wirst du die Momente genießen lernen.

Wie gelingt es dir, allein zu sein in der heutigen belebten Zeit?

Bei dieser Übung können dir auf jeden Fall auch Meditationen helfen, deine Stille und dich selbst auszuhalten. Es gibt verschiedenste Arten von Meditationen, ich möchte hier darum auch keine spezielle empfehlen oder aufführen. Finde selbst heraus, welche Meditationsart dir am besten bekommt. Das müssen auch keine klassischen Meditationsformen sein, ebenso gut können ein Spaziergang oder ein Halbmarathon einen Meditationszustand bei dir hervorrufen. Bei mir ist das so. Ich gehe oft in der Natur spazieren, und nach einer gewissen Zeit falle ich wie in eine Meditation, in der ich mich selbst und die Schönheit der Natur noch tiefer wahrnehme. Beim Joggen geht das genauso, nach einer gewissen Zeit laufe ich wie in Trance, und trotz der körperlichen Anstrengung ist der Lauf für meinen Geist eine erholsame Sache.

Dass Meditationen uns nicht schaden, sondern im Gegenteil guttun, wurde von der Wissenschaft mittels mehrerer Studien bewiesen. Meditation hat messbare Effekte auf unseren Körper und auf unser Gehirn, sie wirkt nachweisbar anhaltend auf unser Wohlbefinden und verbessert die Leistung unseres Gehirns. So hilft Meditation, um mit Stresssituationen gelassener umgehen zu können und um sich selbst emotional zu festigen. Darum kann ich regelmäßige Meditationen nur empfehlen, auch ich habe festgestellt, dass sie mir mehr Gelassenheit und Stabilität bringt.

Egal auf welche Art du dein »dich selbst aushalten können« trainierst, empfehle ich dir, den Fortschritt dieser

Wie gelingt es dir, allein zu sein in der heutigen belebten Zeit?

Übung zu reflektieren, zum Beispiel eine Art Tagebuch zu führen, worin du deine Übungen inklusive Zeitangaben aufführst. So siehst du auch, wie deine Fortschritte sind beim dich selbst aushalten. Zusätzlich kannst du deine Gefühle niederschrieben, die du während der Übungen empfunden hast. Oft hilft es, wenn wir die Dinge, die uns innerlich beschäftigen und die in den Momenten der Ruhe hochkommen, auf Papier niederschreiben und sie definieren, weil es auch Sachen sein können, die uns nicht direkt bewusst sind, eben weil du sie durch die ständige Beschäftigung verdrängst.

Oder es kommt nichts hoch, du dich aber trotzdem total unruhig fühlst, wenn du allein mit dir bist. Das kommt, weil du einfach nicht mehr gewohnt bist, dich selbst auszuhalten. Weil du vielleicht über längere Zeit in Beruf und Familie stark gefordert warst, du die Momente des »Nichtstuns« einfach nicht mehr gewohnt bist und automatisch Muster in dir hochkommen, die dir sagen: »Hey, lass uns etwas tun, mir ist langweilig, ich bin diese Ruhe nicht gewohnt.«

Mit der Zeit der Übung wirst du merken, dass es jedes Mal besser geht. Denn wie schon beim Thema »Muster« gesagt, braucht es manchmal ebenso viel Zeit, ein Muster wieder loszuwerden, wie es sich mit der Zeit eingeschlichen hat. Du brauchst keine Angst zu haben vor dem mit dir selbst sein, dich selbst auszuhalten, denn du kennst den Zustand. Du wirst so geboren und es ist dein natürlicher Zustand.

Wie gelingt es dir, allein zu sein in der heutigen belebten Zeit?

So, den Übungsteil, also den anstrengenden Teil diese Buches hast du hinter dir, und wir können uns nun den praktischen Seiten, also den Vorteilen des Alleinseins, bei sich sein und sich aushalten können widmen. Da gibt es nämlich einige, die sind für uns selbst superpraktisch und können unser Leben auf verschiedene Arten vereinfachen. Aber dazu musst du dir erlauben, du selbst zu sein.

> *»Ich bin nämlich eigentlich ganz anders,*
> *aber ich komme nur so selten dazu.«*
> ÖDÖN VON HORVÁTH

Die positiven Nebenwirkungen des »Alleinseins«

Das Alleinsein stärkt dein Selbstbewusstsein

Lassen wir doch zu Beginn dieses Kapitels wieder einmal *Wikipedia* sprechen. Ich muss schon sagen, da steht viel Gescheites drin:

»Selbstbewusstsein heißt das Bewusstsein seiner selbst.
 Zum anderen beschreibt ›Selbstbewusstsein‹ etwas, was im Englischen *self-confidence* oder *self-assurance* heißt. *Confidence* heißt ›Vertrauen, Zuversicht‹; *assurance* heißt ›Gewissheit, Sicherheit, Vertrauen‹. Ein selbstbewusster Mensch verspürt diese vier Dinge in so starkem Maße, dass er seiner Zukunft relativ optimistisch, angstfrei, sorglos und unbekümmert entgegengeht, also mit einem gut entwickelten Selbstvertrauen.«

Eine der wohl schönsten Nebenwirkungen des Alleinseins, bei sich zu sein, ist, dass im gleichen Zug zumeist auch das Selbstbewusstsein steigt, indem ich mich mehr anhand meines Kontakts nach innen richte. Wenn ich mich mit mir selbst wohlfühle, ich mich in meiner Haut wohlfühle, ich mich allein gut fühle, dann vertraue ich mir und bin mir selbst und meinen eigenen Werten mehr bewusst. Richte ich mich selbst mehrheitlich nach meinem Umfeld aus und erhoffe mir ein besseres Selbstbewusstsein durch die Bestätigung und Zusammengehörigkeit meines Umfeldes, so ist es schwieriger, mir selbst bewusst zu sein, weil ich mich nach außen richte. Dann richte ich auch mein Handeln mehr anhand meines Umfelds aus, um ihm gerecht zu werden, anstatt dass ich meine eigenen Handlungen vollziehe.

Ich hatte dazu vor paar Jahren ein intensives Erlebnis, und zwar war ich damals in der Ausbildung zum Coach für autogenes Training. Ich war in einer selbstreflektierenden Übung und plötzlich schüttelte es meinen ganzen Körper durch, und das über mehrere Minuten hinweg. Ich lag also auf der Liege und meinen Körper schüttelte es von oben bis unten, von außen muss es so ausgesehen haben, als hüpfe mein Körper auf der Liege. Ich wusste in dem Moment nicht den Grund dieser körperlichen Reaktion auf die Übung, die mir eigentlich innerliche Wünsche ins Bewusstsein hätte bringen sollen. Nach einiger Zeit sprach ich wie aus dem Nichts die Worte: »Ich will einfach nur ich selbst sein«, und als die Worte ausgesprochen waren, stoppte das Zucken und Zittern meines Körpers. Es war, als ob mir die Aussprache, das Aufstoßen dieses innerlichen Wunsches, also ein Wunsch aus dem Unterbewusstsein, so viel Kraft kostete und mein Bewusstsein Angst hatte, die Worte auszusprechen, dass dieser Kampf zu dieser starken körperlichen Reaktion führte. Ich erlaubte mir also damals nicht, ich selbst zu sein, obwohl ich diesen Wunsch ganz stark in mir hatte, daher lösten die Aussprache und das Bewusstsein dieses Wunsches so viel Gegenwehr aus. Es aber endlich für mich selbst aussprechen zu dürfen, war ein Moment der Erlösung, und ich wurde mir selbst noch viel mehr bewusst, dass ich in den letzten Jahren viel zu sehr darauf fokussiert war, es anderen Menschen recht machen zu wollen, bevor ich es mir selbst recht machte. Ich machte zwar schon vieles allein und war auch gern allein, doch war mir genauso die Bestätigung der Menschen um mich herum wichtig. Ich dachte in der Zeit zwar, ich könne gut allein sein, aber im Grunde konnte ich das nur dann, wenn ich zuvor die Bestätigung meines Umfeldes erhielt. War dem nicht so, suchte ich den Kontakt zur Außenwelt, die mir dieses Manko füllen konnte.

Allein sein zu können und Selbstbewusstsein stehen darum in einem direkten Bezug zueinander und bedienen sich der gleichen Emotionen: Gewissheit, Sicherheit, Vertrauen in sich selbst! Sich selbst bewusst sein und sich selbst auch von innen heraus ausleben zu können, ohne einen anderen Menschen um sich haben zu müssen. Sich an sich selbst und seinen eigenen Gefühlen, Talenten und Wünschen zu orientieren. Es gibt tausende Übungen, um sein Selbstbewusstsein zu stärken, aber aus meiner Erfahrung heraus ist das Alleinsein, bei sich und mit sich sein, die effektivste, da sie sich nicht von äußeren Faktoren mindern lässt. Wenn ich problemlos mit mir selbst sein kann, dann kann ich auch vollumfänglich ich selbst sein, zumindest in der Zeit, in der ich im Genuss meines Selbst bin. Und je länger und bewusster ich mich selbst aushalte, umso mehr fange ich auch an, mich selbst zu genießen und kann ich selbst auch sein, wenn ich mich unter andere Menschen begebe.

Das klingt jetzt gerade nach bisschen viel »ich selbst«, aber tut mir leid, darum geht es ja in dem Buch, wir wollen ja uns selbst finden, sein und ausleben, und das passiert unter anderem auch durch das Alleinsein. Aber selbstverständlich rede ich von einem gesunden Selbstvertrauen, sprich einem Vertrauen in mich, das in der Balance zu mir steht und das auch weiß, wann es vielleicht besser ist, jemand beizuziehen für einen Job oder die Erledigung einer Aufgabe. Ein gesundes Selbstvertrauen heißt nämlich, dass man weiß, wann man sich auf sich selbst verlassen kann und wann wir uns von anderen Menschen helfen lassen sollten. Jeder Mensch hat eigene Talente und er kann so zu der Gemeinschaft einen Teil beitragen. Ich muss nicht alles können, ich kann mir auch mit einem gesunden Selbstvertrauen Hilfe holen. Denn ein Mensch mit einem gesunden Selbstvertrauen kennt seine Stärken und Schwächen und kann auch gut zu diesen stehen.

Selbstvertrauen muss zwingend von Selbstüberschätzung unterschieden werden. Aber ein Mensch mit einem gesunden Selbstvertrauen kennt seinen Selbstwert. Er weiß, was er sich selbst wert ist, welche Fähigkeiten und Charakterzüge er besitzt und wie weit er bereit ist, für andere da zu sein oder sich für andere einzusetzen, ohne sich selbst zu verlieren. Viele Menschen lassen sich von anderen einreden, dass sie dies oder das nicht können, hässlich sind oder einfach nur blöd. Falls dir das auch schon passiert ist, vergiss den Schwachsinn, den dieser Mensch gesagt hat. Nur Menschen mit wenig Selbstwertgefühl sagen anderen Menschen solche Dinge. Sie wirken zwar oft nach außen stark und allwissend, sind aber innerlich schwach und mit sich selbst überhaupt nicht im Reinen. Um davon abzulenken und sich besser zu fühlen, verurteilen sie andere mit diesen unterdrückenden Aussagen. Ein Mensch mit einem gesunden Selbstwertgefühl hat es nicht nötig, andere so respektlos zu behandeln.

Wenn wir schon bei so viel »selbst« sind, was ja super zum Buchthema passt, dann schauen wir kurz auch noch auf die Selbstdisziplin. Es nützt nämlich nicht viel, wenn man sich kennt, sich seiner Stärken und Talente bewusst ist, aber diese nicht mit eigener Disziplin für sich nutzen kann. Wenn du etwas wirklich gut kannst und an dich glaubst, genug Selbstvertrauen hast, dann ziehe es durch, und zwar mit Disziplin und Ausdauer. Es werden dir auf deinem Weg einige Steine gelegt, aber gehe weiter und lass dich nicht aus der Ruhe bringen. Manchmal läuft es besser, manchmal gibt es Rückschläge. Aber wenn du an dich glaubst, dann wirst du früher oder später dein Ziel erreichen. Das kann ein paar

Die positiven Nebenwirkungen des »Alleinseins«

Jahre, aber auch ein paar Jahrzehnte dauern. Ich könnte dir zwei unglaubliche Geschichten aus meinen Umfeld erzählen, in der beide fast 15 Jahre mit viel Selbstdisziplin ihre Sache durchgezogen haben und der Erfolg nach dieser für uns langen Zeit eintraf, obwohl viele in ihrem Umfeld meinten, dass es sich doch nicht lohnt, so viel zu investieren, und dass sie es wohl nie schaffen werden. Wenn du aber ein gesundes Selbstvertrauen mit Selbstdisziplin und Ausdauer kombinierst, dann machen dir solche Aussagen nichts aus. Du weißt dann selbst, wer du bist und was du hast, und lässt dich nicht von anderen Menschen stoppen.

Du wirst dich auch nicht mit anderen Menschen vergleichen, die ihr gesetztes Ziel vielleicht schneller erreicht haben. Oft vertrauen wir mehr den Menschen in unserem Umfeld als uns selbst. Du kannst den besten Partner haben, wunderbare Kinder, Freunde und Bekannte, denen du großes Vertrauen schenken kannst, aber vergiss dabei nie, auch dir zu 100 Prozent zu vertrauen.

Bei sich sein, allein sein, heißt auch, sich nicht zu vergleichen

Eine Frage: Gibt es einen zweiten Menschen wie dich? Die Antwort ist sehr einfach: Nein, gibt es nicht, und warum sollten wir uns überhaupt vergleichen? Sollten wir eben nicht, es ergibt keinen Sinn, denn wenn du einzigartig bist,

Die positiven Nebenwirkungen des »Alleinseins«

wird es nie jemanden geben, mit dem man dich vergleichen kann. Jeder Mensch wird in andere Umstände hineingeboren und hat aufgrund seiner gemachten Erfahrungen eigene Wege und Herausforderungen, die er meistern muss. Glaube mir, und da habe ich ausnahmsweise mal tatsächlich recht: Es gibt wirklich keinen zweiten Menschen, der so ist wie du. Es gibt vielleicht Menschen, die dir vom Aussehen oder vom Charakter her ähneln. Es gibt sicherlich Menschen, die etwas besser können, aber die gleichen Menschen können etwas anderes schlechter als du, das ist sicher. Da gibt es immer etwas, was die anderen von dir unterscheidet. Also sollten wir wirklich nicht Äpfel mit anderen Äpfeln vergleichen, denn auch hier gibt es nie einen Apfel, der genauso ist wie der andere!

Dass wir vergleichen und sogar noch urteilen, ist eine hilfreiche, aber gleichzeitig in gewissen Arten auch mühsame Funktion unseres Verstandes. Wir brauchen zwar diese Funktion, um Entscheidungen treffen zu können, aber wir müssen lernen, das Vergleichen des Verstandes richtig einzusetzen. Denn wenn wir mit uns selbst sein können und uns selbst kennen, dann treffen wir viele Entscheidungen nicht mit dem Verstand, sondern mit der Intuition, mit unserem Herzen.

Wir schauen uns das Thema Intuition auf den folgenden Seiten noch näher an, aber bleiben wir hier erst einmal beim Vergleichen als Funktion unseres Verstandes. Oft, wenn es um Logik geht, ist das Urteilen des Verstandes eine hilfreiche Funktion. Ich bin zum Beispiel auf der Suche nach einem neuem Küchenmixer. Da kann ich meine Bedürfnisse mit den Angeboten abgleichen und dann anhand der Fakten eine logische Entscheidung treffen.

Wir können Entscheidungen neben dem Verstand auch auf der emotionalen, intuitiven Ebene oder anhand zufälliger Impulse treffen, also frei von der Logik und frei von der Vergleichsfunktion des Verstandes. Da wir aber häufiger unsere Vergleichsfunktion des Verstandes nutzen als nötig und sie auch anwenden, wenn wir andere Menschen anschauen, kann das in uns echte Selbstzweifel auslösen, und die sind meist grundlos. Wenn wir uns beispielsweise im Umfeld anhand der *Likes* auf Facebook vergleichen und uns dabei schlecht fühlen, weil wir nicht so viele bekommen wie andere im Netz, dann hat das mit unserem Selbstwertgefühl zu tun.

Wie schon gesagt, jeder Mensch hat seine eigene einzigartige Art, und wir sollten uns nie mit jemand anderen vergleichen. Erstens können die *Likes* gekauft sein, zweitens ist derjenige vielleicht schon fünf Jahr länger auf Facebook und hat darum mehr virtuelle Freunde, und drittens spielt das alles gar keine Rolle. Du musst keine Entschuldigungen suchen, warum du weniger *Likes* hast, sondern du ziehst dein Ding so für dich durch, wie es für dich passt, und nicht anders.

Wenn du ein gutes Gefühl haben möchtest, dann kannst du das unter anderem tun, indem du du selbst bist und so andere Menschen inspirierst. Diejenigen, die anderen nachlaufen, die nur etwas tun, weil sie sich an anderen Menschen ausrichten und darum auch gewisse Dinge machen, inspirieren nicht. Entscheide selbst, ob du dich lieber ständig vergleichst und dadurch anderen hinterherläufst, oder ob du dein eigenes Ding durchziehst und damit andere Menschen inspirierst.

Es ist viel besser für das eigene Leben, wenn man sich durch die Verschiedenheit und unterschiedlichen Ideen der Menschen in seinem Umfeld inspirieren lässt. Andere können uns nämlich, eben weil sie anders sind als wir selbst, mit ihrer Art zu neuen Ideen inspirieren oder anspornen, und das ist viel nützlicher als sich zu vergleichen, weil die Emotionen dabei unterschiedlich sind. Beim Vergleichen mit anderen Menschen spüre ich Frust, sofern er etwas besser kann als ich. Wenn mich ein Mensch inspiriert, dann spüre ich Ansporn oder Enthusiasmus und gehe positiv damit um. Also hören wir doch auf zu vergleichen, sondern lassen uns viel mehr inspirieren.

Wer allein sein kann, kennt sein Sein und seine eigenen Werte

Kommen wir vom Selbstwert zum Wert an sich, zu unseren eigenen Werten. Wer sich selbst kennt, kennt die Werte des Seins und baut darauf seine eigenen Werte auf. Wir sind dann nicht getrieben von den Werten der Gesellschaft und versuchen, diesen gerecht zu werden, sondern wir wollen uns selbst und unserem Leben gerecht werden. Die Werte des Seins beruhen auf Leben, Wachstum und Evolution, und wenn wir mit uns sind, erkennen wir diese Grundwerte und definieren unsere eigenen Werte ebenfalls anhand dieser Grundwerte des Seins. Das sind dann keinesfalls Werte, die auf Egoismus aufbauen und uns nur deshalb dazu bringen, allein zu sein; nein, es sind Werte, die das Alleinsein nutzen, um für das Ganze einen Beitrag zu leisten. Werte, die uns selbst in der Balance halten und die uns helfen, dass wir der Evolution unseren Beitrag leisten können. Darum nochmals, bei der ganzen Geschichte hier geht es weder um Rückzug, Einsiedelei oder egoistisches, nur auf sich bezogenes Handeln. Nein, es geht darum, dass wir uns selbst erkennen, unsere eigenen Werte definieren und anhand derer uns selbst und unser Leben in der Gesellschaft gestalten.

Wir können die eigenen Werte jedoch nicht erkennen, wenn wir uns selbst nicht kennen, wenn wir uns selbst nicht aushalten und uns ständig an der Gesellschaft festhalten und an ihr orientieren. Wir sind Teil eines Ganzen, aber durch die Wahrnehmung unserer eigenen Bewusstseinsform, sprich unseres Körpers, müssen wir auch lernen, uns über uns selbst ganz wahrzunehmen und uns so, über uns selbst, mit dem Ganzen zu verbinden.

Also fangen wir bezüglich der Werte von vorn an und schauen uns die Grundwerte des Seins an, die mir den Willen zum Leben, zur eigenen Entfaltung einhauchen.

Überlebenswille Mein Körper und ich wollen überleben, darum gibt er Zeichen, wenn er Hunger oder Durst hat, warm oder kalt ist.

Wachstum Wir haben den Willen, nicht statisch zu sein, sondern zu wachsen und uns zu entfalten. Sei es körperlich wie auch geistig.

Evolution Wir wollen unsere Art über unsere Generation hinaus erhalten.

Als Nächstes schauen wir uns die sozialen und moralischen Werte an, die das Zusammenleben der Menschen und das Leben im Einklang mit unserer Natur unterstützen.

Respekt Wir nehmen Rücksicht auf die Werte anderer Menschen und auf unsere Umwelt. Ich nehme sie an und gehe sorgsam mit ihnen/ihr um.

Toleranz Ich stehe mir und meinen Mitmenschen unvoreingenommen gegenüber und begegne ihnen auch dementsprechend.

Freiheit Kein Mensch hat und wird je das Recht haben, Menschen oder andere Lebewesen für sich in Besitz zu nehmen.

Verantwortung Ich bin mir meiner Verantwortung als Mensch bewusst und trage diese Verantwortung auch gegenüber meinen Mitmenschen.

Gerechtigkeit Ich stehe für einen angemessenen allgemeinen Ausgleich ein.

Ehrlichkeit Ich teile meinen Mitmenschen meine wahrhaftigen Gedanken mit.

Loyalität Ich hintergehe meine Mitmenschen nicht, indem ich mich bewusst gegen sie richte.

Zuverlässigkeit Meine Mitmenschen können sich auf mich verlassen.

Aufrichtigkeit Ich verleihe meinen Vorstellungen Ausdruck, sodass meine Mitmenschen sie und mich erkennen können.

Sicherheit Ich möchte in einem sicheren, gewaltfreien Umfeld leben und gleichzeitig meinen Mitmenschen Sicherheit vermitteln.

Die positiven Nebenwirkungen des »Alleinseins«

Jetzt bist du an der Reihe, definiere deine persönlichen Werte, nimm ein Blatt Papier zur Hand und schreibe sie nieder. Du wirst feststellen, dass das gar nicht so einfach ist, denn oft sind wir uns unserer eigenen Werte nicht bewusst. Als ich mein zweites Buch, *Das LIV Prinzip*, schrieb, setzte ich mich intensiv mit meinen Werten auseinander und war teils überrascht, welche Werte ich in mir entdeckte. Die persönlichen Werte zu kennen, ist die Basis für jede Zieldefinierung. Ich kann zwar jederzeit Ziele und Wünsche definieren, aber wenn diese sich von meinen grundlegenden Werten unterscheiden, wird es sehr schwierig, diese Ziele und Wünsche zu verwirklichen. Seinen Werten treu zu bleiben, bei sich zu bleiben, ist also ein tragender Teil zur Selbstverwirklichung. Erst durch das Alleinsein, bei sich sein, kann ich überhaupt meine eigenen Werte entdecken.

Falls es für dich gerade nicht so einfach ist, deine eigenen Werte niederzuschreiben, habe ich dir hier ein paar Fragen aus meinem zweiten Buch aufgelistet, die dir vielleicht bei der Definition deiner Werte behilflich sein können.

Was ist mir wichtig im jeweiligen Lebensbereich?
Angefangen bei mir selbst, meiner Lebensart, meinem Lebensstil, meiner Gesundheit, meinen Interessen und meinen Ausbildungen, die mich interessieren. Die Lebensbereiche sind Familie, Freunde, soziale Kontakte, persönliche Interessen und Gesellschaft sowie meine Arbeit, meine Finanzen.

Welchen Umgang pflege ich mit meinem Umfeld?
Wie behandle ich meine Mitmenschen? Was schätze ich an mir, welche Eigenschaften mag ich in Bezug auf meine Mitmenschen? Wie werde ich gern von meinen Umfeld behandelt? Welche Werte spielen da eine Rolle?

In welchen Situationen nehme ich mich in einem guten harmonischen Gefühl wahr?
Gibt es Momente, in denen ich mich richtig wohlfühle? Warum sind es diese Momente, welche Werte werden dabei erfüllt?

Was sind die Ursachen, wenn ich mich nicht wohlfühle in meiner Haut?
Welche Werte werden verletzt, wenn ich mich nicht gut fühle?

Wie fühle ich mich in der Ausübung meines Berufs?
Vor einem Arbeitstag, wie fühle ich mich dann? Freue ich mich oder belastet mich der Gedanke an die Arbeit? Mache ich meine Arbeit, weil es mich erfüllt oder nur, um Geld zu verdienen? In welchen Situationen fühle ich mich wohl bei der Arbeit und in welchen nicht? Wie oft kommen solche Situationen am Tag, in einer Woche oder in einem Monat vor? Wie fühle ich mich nach getaner Arbeit? Fühle ich mich ausgelaugt oder zufrieden?

Die positiven Nebenwirkungen des »Alleinseins«

Wie gestalte ich meine freien Tage?
Welches sind die Momente, die mich an meinen freien Tagen erfüllen? Habe ich noch genug Energie an meinen freien Tagen oder fühle ich mich lustlos? Kompensiere ich an diesen Tagen das Aushalten der Arbeitswoche oder mache ich am liebsten nichts? Oder gehe ich aus oder treibe exzessiv Sport, um mich wieder zu spüren? (Oft sind das Zeichen, dass du dich selbst spüren, wahrnehmen willst, nachdem du dich in der Arbeitswoche in eine Rolle versetzen musstest, um deinen Job erfüllen zu können. Einige Schauspieler und Musiker kennen das Problem. Das ständige Spielen einer Rolle kann zu einem Identitätsverlust führen und oft sind die Reaktionen darauf Alkohol- oder Drogenexzesse, da sie so versuchen, sich selbst wieder zu spüren, wahrzunehmen – leider mit der falschen Methode.)

So, dass muss erst einmal reichen zum Thema Werte. Diesen Bereich könnten wir noch seitenlang ausweiten, aber wenn dich das Thema interessiert, kannst du in diversen Büchern, Zeitschriften und im Netz mehr darüber lesen. Wichtig für dich dabei zu wissen ist, dass, wenn du mit dir allein sein kannst, bei dir sein kannst, es dir einfacher fallen wird, deine eigenen Werte zu erkennen und du mit ihnen auch deine eigenen Ziele und Wünsche erreichen kannst.

Wer allein sein kann, hat mehr Zeit

Schlussendlich geht es beim Alleinsein auch darum, sich für sich selbst Zeit zu nehmen. Zeit ist in den letzten Jahren noch mehr zu einem Luxusartikel geworden, weil wir heutzutage viel Zeit damit verlieren, im Internet zu surfen oder ununterbrochen in Verbindung zu stehen mit unseren virtuellen Freunden. Wir sind ständig am »tweetgoogleinstafacen«. Dabei ist die Zeit für sich selbst der Schlüssel für mehr eigene Freiheit, mehr Freizeit und für mehr eigenen Reichtum, der Reichtum seiner selbst. Wir müssen in die Zeit für uns selbst investieren, um mehr Zeit für uns zu gewinnen. Es liegt wirklich an uns, den Sinn dieser Investition zu erkennen und uns so mehr mit uns selbst als mit unserem Smartphone zu beschäftigen.

Es gibt viele Apps und Hilfsmittel im Internet, die uns das Leben erleichtern können, und mit denen wir so auch mehr Zeit für uns gewinnen. Aber auch hier liegt es an uns, die Unterscheidung dieser sinnvollen neuen Hilfsmittel und den für uns belastenden neuen Möglichkeiten des Internet zu erkennen und zu definieren. Nur wir können entscheiden, welche Apps uns das Leben erleichtern und welche zu einer Belastung oder Sucht führen. Zudem haben Wissenschaftler bewiesen, dass die ständige Ablenkung durch die Nachrichten, die uns im Überfluss auf dem Smartphone oder dem Mail-Account erreichen, unsere Konzentrationsfähigkeit negativ beeinflussen. Ich rate darum, dass alle Push-Nachrichten ausgeschaltet werden und man sich nur dann die Nachrichten holt oder den Posteingang prüft, wenn man bereit ist dazu. Früher kam der Postler auch nur einmal am Tag und den Rest der Zeit war man konzentriert bei der Arbeit. Wir dürfen uns also nicht von den neuen Möglichkeiten zum Sklaven machen lassen. Die Möglichkeiten sind zwar alle toll, aber wir müssen selbst der Herr der Entscheidungen bleiben, in welchem Maß wir sie nutzen wollen. Ich weiß, die Versuchung ist groß, man denkt manchmal »ich schau nur ganz kurz in den Posteingang, ob etwas gekommen ist«, und bleibt dann doch für einige Momente hängen, weil man gerade das Gefühl hat, ich müsste das nur ganz kurz beantworten.

Aber wenn ich nicht reinschaue, kann gar nicht erst das Gefühl entstehen, dass ich etwas dringend beantworten müsste. Was wir ja auch schon bei der Übung »Entschleunigung« angesprochen haben: Eine Aktion fordert wieder eine Reaktion, und wenn wir immer gleich reagieren, kommt dann auch schon wieder eine neue Antwortmail, die eine Entschleunigung nicht fördert.

Zudem checken viele Menschen ihre E-Mails, wenn sie eigentlich gar keine Zeit zum Antworten haben. Zum Beispiel beim Autofahren. Das ist erstens nicht nur gefährlich, und zweitens bringt es auch nichts, weil das in mir wieder künstlichen Stress auslösen kann. Ich kann dann nämlich bei einigen E-Mails das Gefühl bekommen, dass ich doch bald antworten müsste, aber weil ich gerade am Autofahren bin und das nicht möglich ist, löst das eine Unruhe in mir aus. Oft haben wir auch das Gefühl, dass wir etwas verpassen, wenn wir nicht online sind. Das stimmt tatsächlich, wir verpassen dann etwas – unser Leben!

Mehr Zeit für sich selbst zu haben, ist selbstverständlich nicht nur darauf zurückzuführen, wie wir uns im Netz verhalten. Es gibt tausend andere Dinge, die uns unsere Zeit stehlen, sprich, wir uns selbst durch unser eigenes Verhalten oder unsere Inkonsequenz die Zeit stehlen lassen. Uns selbst und damit auch unseren eigenen Bedürfnisse gerecht zu werden, bringt uns mehr Zeit für uns selbst. Das muss nicht Zeit sein, die ich allein verbringe, sondern Zeit, die ich mir bewusst nehme für mein Leben, für meine Familie, Freunde, meine Sportaktivitäten, meine Hobbys.

Das Alleinsein fördert die Kreativität – ich handle aus mir heraus

Das Zusammenleben mit Menschen und Teil der Gesellschaft sein hat viele Vorteile, aber zum Gemeinschaftsleben zählen auch viele Verpflichtungen, Anforderungen und Reizüberflutung. Nicht umsonst schwören daher viele Kreative auf diesen Zustand des Alleinseins, um daraus Kraft zu schöpfen und kreative Inspiration für ihre Arbeit zu finden. Das ist eine weitere angenehme Nebenwirkung des Alleinseins, dass wir unsere Kreativität fördern. Das kann man zum Beispiel bei Kindern wunderbar beobachten. Wenn sie allein spielen, sind sie oft sehr kreativ, entwickeln eigene Spiele und Ansätze, wie sie sich mit sich selbst beschäftigen und ihre eigene Vorstellungskraft einsetzen. Ebenso können sie richtig schöne Dinge zeichnen oder basteln, einfach, weil sie aus ihrem Selbst heraus etwas erschaffen. Stellen wir den Kindern einfach nur einen TV oder ein iPad hin, dann kann das Gezeigte sie zwar inspirieren, aber die Kreativität ist erst dann sichtbar, wenn sie sich mit sich selbst beschäftigen müssen. Und wenn wir unsere Kindern das Alleinsein nicht lehren, werden sie später im Erwachsenenalter viel eher dem Gefühl der Einsamkeit ausgesetzt sein. Daher ist eine gesunde Balance zwischen allein sein und sich im Umfeld von anderen Menschen inspirieren lassen wichtig.

Das ist mit uns Erwachsenen nicht anders, sich nur zurückzuziehen und in der eigenen Kreativität versinken, kann uns auch im Kreis drehen lassen, ein gesundes Maß an Inspiration aus der Gesellschaft heraus kann uns dagegen zu kreativen Lösungsansätzen animieren. Jeder Mensch muss aber selbst entscheiden, wie sich dieses gesunde Maß für ihn zusammensetzt und in welcher Wechselwirkung er damit umgehen will.

Es wird gern unterschätzt, wie wichtig das Alleinsein für die Kreativität ist, frei von Unterbrechungen oder Beeinflussung durch andere Personen. Neueste Forschungen über Brainstorming haben gezeigt, dass Einzelpersonen mehr und bessere kreative Ideen produzieren als eine Gruppe. Natürlich wird auch Gruppenarbeit gebraucht, vor allem wenn es um die Umsetzung geht, weil dann die verschiedenen Stärken und Talente sich gemeinsam daran beteiligen und so zu einem optimalen Resultat führen können. Aber wir unterschätzen in der heutigen Gesellschaft, wie wichtig das Alleinsein und die Eigenständigkeit sind, und das, weil wir es einfach schon gewohnt sind, uns ständig zu verbinden und auszutauschen.

Sicher ist auch, dass wir durch das Alleinsein manchmal gezwungen werden, mit uns selbst kreativ zu sein. Das bedeutet nicht, dass ich beim Alleinsein immer etwas tun muss, aber es kann uns helfen, wenn wir unsere kreative Seite wieder entdecken. Und glaube mir, jeder Mensch hat eine kreative Seite, sie ist nur bei jedem unterschiedlich.

»Für mich ist Einsamkeit der Höhepunkt des Luxus.
Ich brauche Zeit für mich selbst, sonst wäre ich nicht das,
was ich bin.«
KARL LAGERFELD

Dank dem Alleinsein zu mehr Achtsamkeit

Der Bildschirm unseres Smartphones verspricht uns, keinen Moment allein sein zu müssen. Steht man an einer Ampel oder wartet man allein irgendwo in einer Schlange, dann

Die positiven Nebenwirkungen des »Alleinseins«

erfolgt der automatische Griff zum Smartphone, um sich über den Bildschirm mit irgendetwas in der digitalen Welt zu verbinden. Wir glauben doch tatsächlich, dass uns dieser Bildschirm davor beschützt, dass wir uns einsam fühlen, in Wahrheit führt er aber dazu, dass wir immer mehr vereinsamen. Früher nutzten wir solche Momente zum Nachdenken oder eben um achtsam die Gegend und die Menschen um uns herum wahrzunehmen; und wenn wir Glück hatten, haben wir in solchen Momenten Zufallsbegegnungen gemacht, von denen wir noch lange Zeit schwärmten und die uns neue Freundschaften ermöglichten.

Heutzutage könnte es vorkommen, dass vor mir einer nackt in der Reihe steht, ich es aber nicht einmal bemerke, weil ich mich nur mit dem Bildschirm meines Smartphones abgebe. Haben wir so eine Angst vor den Momenten, in denen wir mit uns allein in der Gesellschaft sind? Dabei hat die Welt und alles, was um uns herum läuft, so viel zu bieten, und wenn es nur ein Vogel ist, der uns den Moment versüßt.

Wenn wir also in den Momenten des Alleinseins unsere Achtsamkeit schulen, dann können wir diese auch in die Momente mitnehmen, in denen wir in Gesellschaft sind. Sobald wir nämlich mit Achtsamkeit durchs Leben gehen, werden wir feststellen, dass die Welt gar nicht wirklich überfüllt oder überreizt ist. Wir werden dank der Achtsamkeit feststellen, dass wir es selbst sind, die entscheiden, was wir für uns zulassen und was wir von uns fernhalten.

Wenn wir achtsam mit uns selbst sind, kann keine Reizüberflutung stattfinden, da wir uns dann jeweils rechtzeitig auf die eigene Stille konzentrieren und sie in den Alltag hineintragen.

Achtsamkeit schaut nach innen, ohne das Außen zu vernachlässigen. Achtsamkeit fördert die Wiederentdeckung deines Selbst. Achtsamkeit kann uns helfen zu erkennen, dass wir stets mit dem Außen verbunden sind, denn wenn wir achtsam sind, verbinden wir uns über uns mit allem, was um uns herum passiert. Wir sind dann ein aktiver Teil des Geschehens, statt eines Teiles am Rand, das krampfhaft versucht, dem Moment nicht hinterherzulaufen. Wenn wir zum Beispiel allein am Strand spazieren und dabei achtsam sind, können wir die Kraft der Wellen wahrnehmen. Wir sind also mit ihrer Energie verbunden, anstatt dass wir einfach nur entlangspazieren und mit unseren Gedanken ganz woanders sind. Ich weiß, dass klingt jetzt schon wieder sehr spirituell, aber versuche es mal und schaue, welche Gefühle sich in dir öffnen, wenn du dich achtsam mit deinem Umfeld verbindest.

Allein sein = im Moment sein

Achtsamkeit passiert immer im Moment, nie in der Vergangenheit oder in der Zukunft. Wenn wir achtsam sind, verbinden wir uns immer mit dem Moment, wir nehmen seine Fülle wahr und erfahren seine Vollkommenheit, egal ob es ein schöner oder für uns schwieriger Moment ist. Jeder Moment ist vollkommen, nur wir selbst entscheiden, ob wir ihn als solchen annehmen oder ob wir ihn aufgrund unserer Verstandeshaltung verneinen wollen. Ihn zu verneinen, braucht viel Energie, unnötige Energie, und ist am Ende meist nicht effektiver, als ihn einfach anzunehmen, mit all dem, was er mit sich bringt. Wir müssen lernen, dass schwierige Momente genauso lehrreich sind wie die einfacheren, schöneren, und sie darum mit vollster Achtsamkeit annehmen, dann können wir auch Kraft aus jedem Moment nehmen, ob schwierig oder einfach. Wie gesagt, die Entscheidung, wie wir den Moment annehmen, liegt bei dir, bei deiner Verstandeshaltung, und wenn du dem Moment positiv gegenüberstehst, wirst du ihn auch meistern können. Wir können nicht kontrollieren, was uns passiert, aber wir können kontrollieren, wie wir darauf reagieren.

»Der Moment«, ein Thema, das ich in meinem ersten Buch *Annehmen und Loslassen* ausführlich beschrieben habe, und das ich hier darum nur noch kurz anschneiden möchte in der Verbindung zum Alleinsein, bei sich sein. Wenn wir mit uns, bei uns sind, können wir uns auch viel einfacher auf den aktuellen Moment konzentrieren. Wir können uns dann bewusst mit dem Moment auseinandersetzen, alles aufnehmen, was er uns bringt, und uns nicht ständig am äußeren Geschehen orientieren.

Das äußere Geschehen kann uns zwar inspirieren, aber es wird uns nicht mehr bestimmen. Das Leben passiert im

Moment und aus deinem Inneren heraus. Alles um dich herum passiert so oder so, aber du entscheidest aus dir heraus, wie du mit dir in der Welt umgehst. Wenn du im Moment mit dir bist, förderst du so auch deine Intuition – die für mich persönlich wichtigste Sprache meines Selbst.

Wenn ich mit dem Verstand schreibe, kann ich zwar alles möglichst logisch und nach einem geregelten Ablauf wiedergeben. Wenn ich aber mit meiner Intuition schreibe, dann eröffne ich in mir meine kreative Ansicht zu den Dingen, über die ich schreiben will, und schon ergeben sich wie von selbst Lösungen und Zusammenhänge. Das Leben erfordert kreative Lösungsansätze, durch das bei sich sein, sich nach innen richten und sich mit dem Moment und der damit verbundenen Herausforderung bewusst zu beschäftigen und auf sich zu hören, hilft einem, Lösungen zuzulassen, auf die der Verstand mit reiner Logik nicht gekommen wäre.

Das Alleinsein fördert die Intuition und den Zugriff auf schöpferisches Wissen

Jetzt, nach den ersten spirituellen Vorschlägen, kommen wir zum etwas spirituelleren Teil des Buches. Aber keine Angst, es sind noch immer keine Räucherstäbchen oder sonstige Hilfsmittel erforderlich. Abgesehen davon, kannst du ruhig zugeben, dass du spirituell bist, das sind wir nämlich alle,

Die positiven Nebenwirkungen des »Alleinseins«

ohne Ausnahme. Es gibt einfach Menschen, die müssen es in jedem Moment zeigen, andere sind es einfach, und dann gibt es noch die Menschen, die nicht wissen, dass sie es sind, es aber trotzdem sind. Denn im Grunde genommen gibt es keinen Menschen, der nicht spirituell ist. Schließlich bedeutet spirituell nichts anderes, als dass wir einen Geist, einen *spiritus* in uns tragen. Hier ist nicht der Geist als Gespenst gemeint, sondern der Geist, eine Seele, die wir in uns haben. Wenn wir spirituell sind, sind wir uns dieser Seele bewusst und setzen uns mit ihr auseinander. Also, wer von euch ist nun nicht spirituell? Bitte Hand heben!

Da das nun geklärt wäre, können wir uns ganz entspannt diesen Themen widmen. Wir fangen einfach bei der Intuition an, weil darüber auch im wissenschaftlichen Bereich etwas zu finden ist und Wikipedia schreibt gescheite Dinge darüber. Zum schöpferischen Wissen gehen wir dann im zweiten Schritt, obwohl es eigentlich die Grundlage für die Intuition darstellt, sich die Intuition sozusagen auch am schöpferischen Wissen bedient, aber das spielt hier keine Rolle. Hauptsache, wir schauen uns das alles an und wie wir durch das Alleinsein dessen Wahrnehmung verbessern können.

Das sagt *Wikipedia* zu Intuition:
»Die Intuition oder die Empfindung, nach ahd. ›in sich finden‹, ist die Fähigkeit, Einsichten in Sachverhalte, Sichtweisen, Gesetzmäßigkeiten oder die subjektive Stimmigkeit von

Entscheidungen zu erlangen, ohne diskursiven Gebrauch des Verstandes, also etwa ohne bewusste Schlussfolgerungen. Intuition ist ein Teil kreativer Entwicklungen.«

Das ist jetzt nur ein kurzer Ausschnitt aus Wikipedia, aber der für mich treffendste Teil, und darum erlaube ich mir, nur diesen Teil aufzuführen. Alles andere macht es nur unnötig kompliziert. Um es noch kürzer zusammengefasst zu sagen: Die Intuition ist eine Empfindung, die wir in uns finden, ohne den Verstand nützen zu müssen, und die uns hilft, eine Entscheidung zu treffen. Weil bereits Kleinkinder Entscheidungen anhand ihrer Intuition fällen, auf ihr Bauchgefühl hören, denke ich, dass das eine Fähigkeit ist, die wir nicht erlernen können, sondern die wir mit auf die Erde in unsere Körper nehmen, bildlich dargestellt vielleicht wie eine ständige Datenleitung zu unserem Sein.

In unserem Sein ist das schöpferische Wissen gespeichert, zu dem wir, wie gesagt, später kommen, aber im Moment solltest du wissen, dass es mehr gibt als nur das Wissen unseres Verstandes, zu dem du Zugriff hast. Bereits als Kleinkind bringst du die Verbindung zu diesem Wissen einfach mit auf die Erde, und so ist die Intuition in den ersten Monaten deines Lebens sogar die erste und einzige Sprache, die du anfangs verstehst, ohne dass du sie je lernen musstest.

Wie lieb und praktisch ist es doch vom Universum, dass es uns die Intuition mit auf den Weg gibt und uns nicht

Die positiven Nebenwirkungen des »Alleinseins«

ganz unwissend auf die Erde schickt. Leider liegt es aber ab dann an uns, ob und welchen Stellenwert die Intuition in unserem Leben haben soll. Mit der Bildung des Verstands, der ja auch genial ist, kann es passieren, dass wir ihm zu viel Gewicht geben und gleichzeitig die Intuition nicht mehr als unsere eigene Sprache hören und akzeptieren. Dann kann es vorkommen, dass wir selbst wenn wir bei einer Sache ein komisches Gefühl im Bauch haben, etwas trotzdem machen, weil es unser Verstand vorsagt.

Aber wie wir bereits festgestellt haben, kann uns unser Verstand auch ungünstige und für uns selbst ungesunde Entscheidungen einflüstern und auch Muster entstehen lassen, die uns langfristig aus der Balance bringen. Wir verlernen so, weiterhin auf die Intuition zu hören, aber das Schöne dabei ist, dass es sich wie Fahrradfahren verhält. Sobald wir es einmal können, verlernen wir es nie mehr, wir müssen beim erneuen Aufsteigen einfach wieder ein bisschen trainieren. Und weil jeder von uns die Intuition in sich hat, müssen wir auch dabei nur wieder ein bisschen trainieren, etwas mehr mit uns, bei uns sein, und dann schwups, nehmen wir sie auch wieder besser wahr.

Dass wir die Intuition in gewissen Lebensabschnitten mehr oder weniger wahrnehmen, passiert ganz unbewusst und auf natürliche Art, einfach im Laufe unserer Entwicklung. Wenn wir also im Kindesalter anfangen, unseren Verstand zu schulen, kann es ganz von allein passieren, dass wir, wenn wir erwachsen sind, immer mehr mit dem Ver-

Die positiven Nebenwirkungen des »Alleinseins«

stand »arbeiten«, unser Leben rational leben und unsere Entscheidungen anhand von Logik und aufgrund eines festen Plans versuchen zu organisieren, unser Leben überorganisieren anstatt es zu leben. Die meisten Schul- und Gesellschaftssysteme fördern diese Denkweise noch und legen leider viel zu wenig Gewicht auf die intuitiven und kreativen Fähigkeiten in uns und auch nicht auf die Förderung unsere eigenen Talente.

Ich war ein solcher Mensch, der bis circa zum 22. Lebensjahr ziemlich viel Gewicht auf meine Logik, meinen Verstand legte und dadurch viele Fehlentscheidungen traf, die mich eigentlich von mir entfernten. Oft waren es Fehlentscheidungen, die ich aufgrund von mehr Besitz, Ansehen oder auch Gier gefällt habe, anstatt meinem wirklichen Lebensplan zu folgen, der auf innerem Reichtum basiert. Meine intuitive und kreative Seite habe ich in der Zeit fast gänzlich unterdrückt.

Erst als ich zum Glück durch eine Krankheit dazu gezwungen wurde, die Logik und meinen festen Lebensplan zur Seite zu legen, habe ich das reichhaltige Potenzial der Intuition wiederentdeckt. Seit dieser Zeit habe ich Schritt für Schritt wieder mehr an ihr gearbeitet, sie geschult und dabei wunderbare Dinge erlebt, die mein logisch denkender Verstand nie zuglassen hätte. Mein Leben wurde leichter, genussreicher; und ich habe meine bisherigen Ziele und Wünsche wirklich erreicht, was ich ansonsten mit meinem sturen Verstand wohl nur mit viel Zwang und Druck geschafft hätte. Seit ich wieder auf meine Intuition vertraue, lasse ich es fließen und lasse mich vom Leben tragen, anstatt es mit einem großen logistischen Energieaufwand ständig kontrollieren und bis ins letzte Detail planen zu wollen.

Wie bereits in der Einleitung dieses Buches geschrieben, macht die Intuition heute einen großen Teil meiner Arbeit aus. So profitiere ich auch in meinen Coachings oft davon und kann Lösungsansätze vorschlagen, die aus meiner Logik heraus nie so entstehen würden. Wenn ich auf die Menschen im Coaching treffe, hilft mir die Intuition zudem, viel rascher ein treffendes Bild von ihnen zu bekommen, als nur durch die Beurteilung meines Verstandes anhand ihres Aussehens, Auftretens oder ihrer Kleidung.

Damit ich die Intuition wieder besser wahrnahm, denn wie bereits gesagt, sie war nie weg – es liegt nur an uns, ob wir sie wahrnehmen wollen –, musste ich als Erstes wieder lernen, bei mir zu sein, allein zu sein und mich nach innen zu richten. Dazu habe ich viel autogenes Training gemacht. Aber auch andere Übungen, Meditationen, Yoga oder sonst etwas, was dir gerade gut bekommt, können dir anfangs helfen, deine innere Stille und dein Sein wieder zu entdecken. Die Intuition wieder besser wahrzunehmen, ist eine Sache, aber auf sie zu hören und umzusetzen, was sie dir einflüstert, etwas ganz anderes.

Dazu braucht es manchmal Mut, Vertrauen in sich selbst und auch ein harmonisches Ich (gesundes Ego), das nicht nach Macht, Habgier und Besitz strebt. Das kann dann nämlich im Weg stehen, wenn wir auf unseren inneren Lebensplan hören wollen, denn zum Teil müssen wir auch erst etwas loslassen, ein festes Gedankenmuster oder einen Besitz abgeben, damit uns das Neue erreichen kann. Ein zu stark ausgeprägtes Ich (ungesundes Ego) lässt nicht gern los, weil es meint, es verliere etwas; es kann dabei noch nicht sehen, was es im Eigentlichen gewinnen würde. Zu groß ist das Bedürfnis nach Kontrolle.

Es können uns noch ganz viele andere Dinge, die aus unserem Gedankentopf heraus entstehen, im Weg stehen, wenn wir auf unsere Intuition hören wollen. Zum Beispiel kann Angst uns daran hindern, dass wir die Geschichte auch angehen, die uns die Intuition einflüstert. Dadurch, dass unser Verstand fähig ist, Bilder zu projizieren, die nicht real sind, die nur eine mögliche Vorstellung sein können, kann er auch Bilder erschaffen, die uns daran hindern, für uns selbst einzustehen, weil sie uns Angst machen. Die Bilder entsprechen jedoch nicht der Realität, sondern sind nur eine Projektion unseres dazu fähigen Verstandes. Wenn wir aber im Moment sind, erschaffen wir keine solchen Bilder, sondern erschaffen in dem Augenblick unsere Zukunft, in dem wir mit ihm und uns verbunden sind und uns die Intuition entsprechende Inputs geben kann.

Oft wollen wir es anderen recht machen, vergessen dabei aber uns selbst: Was will ich eigentlich? Was sind meine eigenen Bedürfnisse und Wünsche? Was ist eigentlich mein Lebensplan? Antworten auf diese Fragen erhalten wir, wenn wir auf unsere innere Stimme, unsere Intuition hören, die wir im Durcheinander unserer Gedanken, Bilder und Vorstellungen wieder neu entdecken müssen. Im Dialog und in der Balance mit der inneren Stimme gelingt es uns, die richtigen Entscheidungen zu treffen, Lösungen für herausfordernde Alltagssituationen zu finden und gleichzeitig im Umgang mit anderen ganz wir selbst zu sein. Die Intuition ist immer ehrlich, sie wägt nicht anhand einem Ego oder einem persönlichen Benefit ab, sondern sie gibt uns ehrlich Inputs und Antworten, weil sie neutral und in innerer Balance zum Ganzen steht. Die Intuition trifft Entscheidungen auf der emotionalen, intuitiven Ebene und anhand zufälliger kreativer Impulse, also frei von der Logik und frei von der ständigen Vergleichsfunktion des Verstands. Sie ist die Sprache des Seins und da gibt es keine Macht- oder Besitzunterschiede, alles ist einem Ganzen untergeordnet – der anhaltenden Schöpfung unseres Selbst und damit automatisch auch unseres Universums.

Nur intuitiv zu leben, wäre aber auch nicht das Gelbe vom Ei. Wir haben einen wunderbaren Verstand, sind fähig, damit Unglaubliches zu erschaffen, aber dazu braucht es eine gesunde Balance von intuitiver Kreativität und bewusster Gedankenkraft, um der Idee oder Sache auch wirklich Leben einhauchen zu können, um sie real werden zu lassen. Das Innere muss nach außen getragen werden, um es für andere sichtbar zu machen, dafür brauchen wir unseren Verstand, der anhand von Worten, Gesten, Handlungen der Sache eine Form vermittelt. Das Zusammenspiel von Kopf und Bauch findet sich in der Mitte, im Herzen, und von da aus bekommt die Sache am meisten Kraft. Handle mit Herz und es ist authentisch und wird andere Menschen berühren!

So, gehen wir nun von der Intuition zum schöpferischen Wissen. Sozusagen ist die Intuition eine Art Sprache des schöpferischen Wissens, eine Möglichkeit, wie wir an dieses Wissen andocken und davon Wissen für uns selbst downloaden können. Es gibt da noch etliche andere Möglichkeiten und die meisten davon sind nicht so klar spürbar wie die Intuition. Damit du weißt, was ich mit dem schöpferischen Wissen meine, hier zuerst ein paar Beispiele.

Schauen wir es uns als Baby an, in der Situation im Mutterbauch. Ich bin da ganz gemütlich am Planschen im Fruchtwasser, und plötzlich habe ich das Bedürfnis abzuhauen, raus aus diesem warmen, bisschen engen, aber für mich bis jetzt einzigen bekannten Ort auf Erden. Warum, wenn mein Verstand doch gar noch nichts gelernt hat über die Geburt und wie das so ablaufen sollte? Unsere Zellen besitzen also irgendwie schon das Wissen, und jede einzelne weiß, was sie zu tun hat und ob aus ihr ein Magen oder eine Lunge werden soll. Sie gibt sich dem Ganzen hin, damit aus ganz vielen einzelnen Zellen neues Leben entstehen kann, in unserem Beispiel ein Mensch.

Die positiven Nebenwirkungen des »Alleinseins«

Nun haben wir es also aus dem Mutterbauch geschafft, und sobald wir an der frischen Luft sind, fangen wir erstmals an zu atmen. Wieso? Weil in unserem Stammhirn gewisse Grundfunktionen des menschlichen Körpers gespeichert sind. Aber warum, wo hat sich das Stammhirn dieses Wissen angeeignet? Bekommt es in der Mitte der Schwangerschaft, sobald es groß genug ist, ein Update von der Mutter? Ich weiß es nicht, ich weiß nur, dass, wenn ich »Woher haben Zellen ihr Wissen« google, ich keine wissenschaftlich abschließende Erklärung finde. Es gibt zwar viele Hinweise, was ab der Zellteilung technisch so vorgeht, aber niemand spricht darüber, woher die Zellen wissen, was sie zu tun haben; und doch weiß jede Zelle, was zu tun ist, ohne dass sie sprechen oder durch zuhören, sehen und fühlen sich das Wissen aneignen, jedenfalls nicht in den Arten und Formen, wie wir es als menschliche Entwicklung kennen. Es handelt sich um ein tieferes Wissen, ein Wissen, das schon in uns drin, in unseren Zellen enthalten ist, in allem, was ist. Eben das schöpferische Wissen, weil wir und alles um uns herum Teil der Schöpfung ist, die zum Glück noch immer im vollen Gang ist. Wir sind Teil der Schöpfung und können uns an diesem Wissen bedienen, beispielsweise über die Intuition.

Um das Beispiel mit dem menschlichen Körper abzuschließen, schauen wir uns noch an, was passiert, wenn wir sterben. Wir haben also während unseres ganzen Lebens unseren Verstand mit Wissen gefüttert und trotzdem, irgendwann geht das Licht aus. Ab dem Zeitpunkt ist der Körper wieder voll und ganz dem schöpferischen Wissen hingegeben, wir können ihn nicht mehr aktiv bewegen, überfüttern oder sportlich zu Höchstleistungen treiben. Unsere Zellen wissen ab dann wieder, dass sie sich zersetzen müssen, ihre »neutrale« Form einnehmen sollen, zu Erde werden, um irgendwann wieder zum Leben zu erwachen, beim nächsten Mal vielleicht als Regenwurm, Kaktus, Seeigel oder Laubfrosch – was gerade so ansteht.

Trennen wir uns also anhand unseres Verstands, auf den wir bei Bewusstsein zugreifen können, von den Möglichkeiten und dem schöpferischen Wissen ab, wozu es kein »offensichtliches« Bewusstsein braucht, können wir nicht auf unser gesamtes Potenzial zugreifen. Auch hier geht es um die Balance, unseren Verstand wieder vernünftig und bewusst einzusetzen und dabei auch dem schöpferischen Wissen vertrauen zu können und uns von ihm leiten zu lassen. Wir können aber nicht nur mit unserem Verstand und Bewusstsein etwas aus dem schöpferischen Wissen ziehen, sondern das Schöne daran ist auch, dass wir mit unserem Handeln, mit unserem Wissen, das wir mit unserem Verstand erschaffen, das schöpferische Wissen bereichern, sprich, wir uns an der Erweiterung des schöpferischen Wissen beteiligen können, weil wir ein Teil davon sind. Gerade weil wir ein Teil der Schöpfung sind, sind wir nicht nur hier, um einfach mal zu schauen, was auf der Erde so abgeht; nein, wir sind hier, weil wir unsere eigene Schöpfung miterschaffen – bewusst und unbewusst. Und wenn der Tag kommt, an dem unser menschliches Leben endet, was bleibt dann? Unser Beitrag zur Schöpfung und das damit verbundene schöpferische Wissen, also das Ganze (nenne es Universum oder wie du es gern nennen möchtest).

Aus unserem Leben und Wissen kann neues Leben und Wissen in einer anderen Form erschaffen werden. Wieder ein Beispiel: Wir können über Generationen unsere Körper verändern, obwohl wir keinen direkten Zugriff (ich rede von natürlichem Zugriff und nicht von medizinischer Genveränderung) auf das Wissen in unseren Zellen haben. Zum Beispiel waren wir früher von oben bis unten behaart, um uns vor Kälte und vielleicht auch vor direkter Sonneneinstrahlung zu schützen. Als wir dann im Laufe der Zeit den Verstand erschufen und damit auch Emotionen wie Scham in uns aufkamen, haben wir angefangen, den Körper zu bedecken. Über die Jahrtausende haben das unsere Zellen kapiert und an vielen Stellen unseres Körpers wachsen uns inzwischen keine oder nur noch wenige Haare. Also wurde das Wissen der Schöpfung über Tausende Jahre weitergegeben, wobei es nicht gerade die wichtigste Sache war, aber es hatte doch seine Wirkung.

Oder ein anderes, noch deutlicheres Beispiel: Die Meeresschildkröte legt immer am gleichen Strand ihre Eier ab und zieht sich dann umgehend wieder zurück ins Meer. Die Schildkrötenbabys schlüpfen allein, ohne Fürsorge und Erziehung der Mutter und machen sich auf den Weg ins offene Meer, um Jahre später wieder an ihren Geburtsstrand zurückzukehren, um dort selbst Eier zu legen. Woher wissen Schildkröten, was zu tun ist? Da muss es doch irgendeine Art Wissen geben, ohne dass die Schildkröten ein Handbuch lesen oder eine schulische Ausbildung machen müssen. Eben, Intuition, schöpferisches Wissen.

Das schöpferische Wissen ist wie bei unserem vom Verstand erschaffenen Wissen reine Energie, kein Gedanke wird je sichtbar, außer wir geben ihm eine Form durch eine Handlung mit unserem Körper. Und weil beide, das Wissen des Verstands und das der Schöpfung, aus Energie bestehen, kann ganz einfach ein gegenseitiger Austausch stattfinden. So können wir zum Beispiel über das Bauchgefühl (Intuition) die Energie des schöpferischen Wissens anhand einer Emotion wahrnehmen, egal ob gute oder schlechte. Gleichzeitig können wir anhand unseres Energielevels, dank einer bewussten und positiven Einstellung unser Umfeld positiv beeinflussen oder auch den Energielevel anderer Personen wahrnehmen. Wie sonst ist es zu erklären, dass ich genau spüre, wie es meiner Frau geht, wenn ich sie sehe, und sie mir zwar sagt, nein, es ist nichts, und dann, nach erneutem Nachfragen, doch rauskommt, dass sie zum Beispiel ein Erlebnis vom Morgen im Studio belastet. Oder wie unsere Hündin, die feststellt, wie es mir geht und sich zum Teil auch von meinem »inneren Zustand« anstecken lassen kann, ob positiv oder negativ. Das kann in

Die positiven Nebenwirkungen des »Alleinseins«

Arbeitsgruppen ebenfalls passieren, in der ein Teilnehmer positive Energie ausstrahlt und damit die ganze Gruppe ansteckt. Es gibt nämlich nicht nur Krankheiten, die ansteckend sind, auch Glücksgefühle und Freude sind es!

Also, wenn wir uns bewusst sind, dass kein Gedanke und keine Handlung unseres Selbst nutzlos sind, sondern wir mit unserem Leben das schöpferische Wissen und somit die Schöpfung nähren, dann gehen wir vielleicht in Zukunft sorgsamer, bewusster mit uns um. Wenn wir allein sein, bei uns sein können, sind wir auch viel eher fähig, uns durch uns selbst mit dem schöpferischen Wissen zu verbinden und von diesem zu profitieren, über die Intuition oder auf welche Art auch immer. Wenn wir uns aber nur nach außen richten, uns auf unser Umfeld verlassen, dann müssen wir uns vielleicht früher oder später nicht wundern, wenn wir uns trotz vieler Freunde allein fühlen, weil uns dann die Verbundenheit zum Ganzen fehlt. Darum spreche ich immer von der Balance, ein gesundes Verhältnis zu meinem Inneren, bringt viel Schönheit ins Leben nach außen.

Also, dass da noch mehr Wissen sein muss als das, was unser Verstand speichern kann, sollte nun klar sein. Wie dieses Wissen uns oder unsere Zellen erreicht und wo das Wissen seinen Ursprung hat, kann ich euch nicht sagen. Ist es die geistige Welt, Gott oder Fred Feuerstein? Ich weiß es nicht, ich kann euch nur sagen, dass das Wissen die Form von Energie hat und ich diese durch innere Impulse über mein Äußerliches (meine emotionalen körperlichen Funktionen) wahrnehmen kann. Das kann durch das Bewusstsein oder über das Unterbewusstsein geschehen. Diese energetischen Impulse schaffen uns also Zugang zu einem tieferen Wissen, vorausgesetzt wir sind bereit, auf diese innere Stimme, die Intuition, zu hören, oder anders gesagt, wir hören überhaupt zu. Wenn wir nämlich nicht mit uns allein sein können, halten uns die ständigen äußeren Kontakte davon ab, nach innen zu hören. Wir nehmen dann vielleicht einen Impuls wahr, können ihn aber nicht einordnen, weil wir seine Sprache nicht mehr verstehen oder wir nicht zuhören wollen, weil wir eben das Äußere als wichtiger empfinden. Ich habe das schon erlebt, dass ich einen Impuls nicht annahm, weil mein Verstand meinte, es in der Situation besser zu wissen. Das löste eine Unruhe in mir aus, weil ich ja eigentlich wusste, dass ich mich nur dank meiner gedanklichen Überzeugung auf diesen Weg begebe, aber intuitiv anders entscheiden würde. Nach einigen Wochen oder Monaten wurde mir und meinem Verstand schmerzlich klar, dass ich tatsächlich den falschen Weg eingeschlagen hatte.

Für mich sind Intuition und die bewusste Verbindung mit dem schöpferischen Wissen Kernnutzen des Alleinseins, nützliche Benefits, die du aus dir selbst herausziehen kannst. Eben die Intuition, das Bauchgefühl, das kein Wissenschaftler bisher wirklich ergründen konnte und das ein breites und umfassendes Wissen mitbringt, auf das unser Superhirn anhand unserer rationalen Denkensweise nie zugreifen könnte. Wenn unsere Zellen das schöpferische Wissen in sich tragen, dann tragen wir es genauso in uns. Wir müssen nicht spirituell sein, um dieses Gefühl zu erfahren, nein, allein das Alleinsein, das bei sich sein zu können, reicht aus, um die Nachrichten und das Wissen zu empfangen.

> *»Die Stille stellt keine Fragen, aber sie kann uns auf alles eine Antwort geben.«*
> ERNST FERSTL

Allein sein = all-eins-sein – mit allem eins sein

Kommen wir zur letzten positiven Nebenwirkung des Alleinseins in diesem Buch. Es gibt noch einige mehr, aber ich wollte mich hier auf die für mich wichtigsten und effektivsten beschränken, da jeder für sich selbst eigene Vorteile zu entdecken hat.

Wenn wir also mit uns bei uns sind, können wir auch mit allem eins sein. Wir verbinden uns über uns mit der gesamten Schöpfung und können einerseits unser Wissen und Leben mit ihr teilen und uns andererseits auch von ihrem Wissen und Leben nähren. Wie schon gesagt, kann die

Energie der Wellen oder des Windes uns Kraft vermitteln, wir können uns also in einen ständigen Austausch begeben. Wenn wir bereit sind, uns über unser Inneres der Außenwelt zu öffnen, können wir uns gegenseitig spiegeln. Wenn alles Energie ist, können wir durch unsere eigene Energie die Energie in unserem Umfeld positiv beeinflussen. Aber dazu braucht es als Grundvoraussetzung, dass wir mit uns sein, uns aushalten und uns dann ehrlich und authentisch nach außen ausleben können. Partner, Familie und Freunde können mich inspirieren, aber sich nur an denen zu orientieren, kann mich von mir selbst entfernen, dann verliere ich nicht nur den Zugang zu mir, sondern auch die Verbindung zur aktiven Beteiligung an der Schöpfung.

Nun, viele von uns haben das starke Bedürfnis, jemand an ihrer Seite zu haben, nicht allein zu sein. Aber warum wünschen wir uns Freunde, einen Partner oder eine Familie? Ganz einfach, weil wir uns in unserer körperlichen Form mittels unseres Verstands als getrennt zum Ganzen wahrnehmen. Wir sehen unseren Körper als eigene Form, und weil wir im Innersten wissen, dass wir eigentlich Teil des Ganzen sind, versucht unser Verstand, diese Getrenntheit durch Partnerschaft oder Familie so gut es geht aufzulösen. Da uns das aber nur bedingt das Gefühl von Zusammengehörigkeit gibt, müssen wir wieder lernen, dass wir im Eigentlichen bereits mit allem verbunden sind, in Wahrheit nie getrennt wurden.

Die positiven Nebenwirkungen des »Alleinseins«

Wir sind immer noch Teil des Ganzen, bestückt mit dem schöpferischen Wissen des Seins und selbständig fähig, aktiv an der Schöpfung teilzuhaben, auch wenn wir uns während unseres Lebens minimiert in diesem Körper wahrnehmen. Sobald wir erkennen, dass nur unser Verstand diese Sichtweise hat und wir uns über unser Sein, über uns selbst mit dem Ganzen verbinden, lassen wir auch die Angst los, allein zu sein. Wenn wir die Sichtweise unseres Verstandes loslassen, dann wendet sich das Gefühl der inneren Leere, der scheinbaren Getrenntheit, des Alleinseins zum Bewusstsein und der Sicherheit der Allverbundenheit und des All-Eins-Seins.

»Nur wer allein sein kann, kann wirklich sein.«
PIRMIN LOETSCHER

Allein sein genießen – verabrede dich mit dir selbst

Zum Abschluss dieses Buches möchte ich dir noch einmal eine kleine Übung mitgeben, und zwar eine Übung, die du dir verdient hast. Du bist die wichtigste Person in deinem Leben, und denk mal darüber nach, wann du dich das letztes Mal zum Mittelpunkt deines Lebens gemacht hast. Das hat nichts mit Egoismus zu tun, sondern dass du dich selbst ab und zu vollstens verdienst. Einfach nur du, allein mit dir selbst.

> *»Alleinsein ist die Freude, einfach nur du zu sein – ohne jemand anderen. Du freust dich auf dich selbst, du freust dich auf deine eigene Gesellschaft.«*
> OSHO

Es geht nicht um die in heutiger Zeit moderne perfekte Selbstinszenierung. Nein, es geht genau um das Gegenteil, sich selbst sein zu dürfen und sich selbst zu genießen, so wie man ist. Kein Mensch auf der Welt ist perfekt und wird es je sein, also warum versuchen, so zu werden, es zu sein und dieses Bild unserem Umfeld zu vermitteln? Schluss damit, gönn dir dein wahres Ich! Keine auf möglichst viele *Likes* ausgerichtete Selbstdarstellung, um allen zu zeigen, wie gut es mir geht. Aber gleichzeitig innerlich unglücklich sein, vom Druck, schon wieder das nächste perfekte Foto machen zu müssen, um dieses falsche Bild von mir selbst, das Bild meines perfekten Lebens, aufrechterhalten zu können.

Vergiss es, du wirst nie perfekt sein, aber in jedem Moment vollkommen, und darum musst du nichts darstellen! Lebe nicht dafür, dass du andere Menschen beeindrucken kannst, lebe dafür, dass du dich beeindrucken kannst und deine Vollkommenheit genießt. Lege mehr Wert auf dich selbst und deine Bedürfnisse als auf den Wert der Selbstdarstellung. Ohne dass du mit dir allein, mit dir selbst sein kannst, ist es auch nicht möglich, deine eigenen Träume, Bedürfnisse und Wünsche wahrzunehmen, zu entdecken und auch auszuleben.

> *»Allein sein zu müssen, ist das Schwerste,*
> *allein sein zu können, das Schönste.«*
> HANS KRAILSHEIMER

Wenn wir also so weit sind, allein sein zu können, dann können wir das Alleinsein genießen, es zelebrieren. Ich persönlich freue mich immer wieder auf Ferien allein. Auch wenn ich in einer glücklichen Beziehung bin, sind für mich Ferien oder einzelne Tage allein essenziell wichtig. Ich laufe dann nämlich vor nichts davon, nein, ich laufe dann noch

Allein sein genießen – verabrede dich mit dir selbst

mehr zu mir, ich genieße mich selbst noch mehr. Das erfüllt mich genauso, als wenn ich mit meiner Frau verreise, einfach auf eine andere Art, auf die Art des Alleinseins.

Wir reisten schon mal vier Monate am Stück zusammen und hatten keinen Tag Streit oder das Bedürfnis, allein zu sein. Die Zeit passte für uns genauso, als wenn meine Frau für sechs Wochen in Indien ist und wir uns in der Zeit nur wenig hören und schon gar nicht sehen. Da wir beide mit uns selbst sein können, uns selbst sind, halten wir uns in der Balance, ob wir nun vier Monate jeden Tag zusammen sind oder über mehrere Woche getrennt. Da wir allein sein, bei uns sein können und unsere eigene Stille gefunden haben, tragen wir diese Stille auch mit uns, wenn wir mit anderen Menschen zusammen sind. Wir haben dann keine Erwartungen an unsere Gegenüber, sondern inspirieren und unterstützen uns gegenseitig in unserer Beziehung. Wir haben keine Beziehung, damit wir nicht allein sind, wir haben eine Beziehung, damit wir einander im Leben fördern können – sozusagen Verdoppelung der Lebenskraft. Das funktioniert aber nur, wenn beide mit sich selbst schon genug sind, wenn keiner für den anderen eine Kompensation darstellt. Und so ist es auch, wenn ich mich auf paar Ferientage allein freue, ich kompensiere dann nichts, sondern bin einfach ich.

Das Alleinsein zelebrieren bedeutet auch, mich selbst für mich allein zu zelebrieren, also ohne dass ich das dann auch über einen Post allen mitteilen muss, nein, es geht wirklich nur um mich – pur!

Es müssen nicht gerade Ferien oder Reisen allein sein, auch schon mal ein Dinner, nur für dich selbst, kann eine schöne Art sein, wie du dich selbst verwöhnst. Geh in ein Restaurant, bestell ein gutes Glas Wein und feine Speisen. Genieße dich und alles, was du in der Zeit machst. Einfach dasitzen, dich selbst verwöhnen und mit dir selbst sein. »Selbst«-verständlich funktioniert das nur, wenn du dabei auch dein Smartphone in der Tasche lässt. Oder mache ein Wellnesswochenende einfach nur für dich ganz allein. Oder eine Wanderung, einen schönen Spaziergang oder eine Fahrradtour, einfach das, was du gerade gern machst und womit du dich selbst belohnen kannst, belohnen für dein eigenes Sein, und dass du dich selbst liebst. Egal ob du dein Leben gerade gut oder weniger gut managst, belohne dich so oder so für dein Leben und liebe dich selbst, du wirst sehen, wie viel Kraft dir deine Momente geben und wie gut du dich danach wieder fühlst.

Einfach ganz mit sich selbst und so auch mit der gesamten Schöpfung verbunden zu sein. Oft suchen wir Glück, aber machen nicht wirklich viel dafür, damit wir es auch finden. Erinnere dich an die Zeit, als du ein Kind warst, hast du da je dein Glück gesucht? Nein, sicher nicht. Du hast dir diese Frage nicht gestellt, du hast dein Leben gelebt, dein Glück erlebt, anstatt ständig danach zu suchen. Und genau darum geht es auch beim Alleinsein, bei sich sein. Wenn du mit dir sein kannst, suchst du nach nichts, denn du findest die Vollkommenheit in dir. Du suchst dann nicht mehr dein Glück, du lebst es – aus deinem Inneren heraus!

Allein sein genießen – verabrede dich mit dir selbst

Wenn du dann dein Glück gefunden hast, ist es ebenso erfüllend, wenn du es nach außen tragen und dein Glück teilen kannst. Ich spreche immer wieder von der Balance und auch hier ist sie dringend nötig. Man kann sich nämlich ganz rasch ans Alleinsein genießen gewöhnen, und die Gefahr, dass man sich bewusst von der Gesellschaft zurückzieht, ist dann groß. Wir können nicht ständig den Einsiedler spielen, uns nur noch um die eigenen Bedürfnisse, Vorlieben und Ansichten drehen und dabei geistig immer unflexibler werden. Nein, eine gute Balance zwischen gesundem Alleinsein, sich von der Gesellschaft inspirieren lassen und sie inspirieren, ist der Weg. Das Einzige, was du dabei immer darfst, ist, bei dir zu sein, in deiner Mitte, egal ob du allein oder mit anderen Menschen zusammen bist. Wenn du bei dir bist, bist du auch authentisch und dein Handeln hat eine ganz andere Kraft, als wenn du anderen Menschen und dir selbst nur immer hinterherläufst.

Für mich sind die Musiker, die ich in meinem Beruf begleiten darf, ein wunderbares Beispiel. Sie ziehen sich oft in sich selbst zurück und erschaffen in der Zeit wunderbare Stücke. Dann kommt aber auch wieder die Zeit, in der sie auf Tournee gehen und die Songs, die sie in »Einsamkeit« erschaffen haben, der Menschheit präsentieren. Je authentischer sie dabei sind, umso mehr springt der Funke, die Nachricht der Musik zum Publikum über. Auch hier gilt, dass das Zusammenspiel dieser Menschen in der Gruppe nötig ist! Es braucht jeden Einzelnen der Band, jeder der

Musiker ist fest bei sich und seinem Instrument und verbindet sich damit mit der ganzen Band! Ein Song entsteht, und damit diese von ihrer Energie genährten Töne zum Publikum nicht nur klanglich rüberkommen, sondern sie auch im Herzen berührt werden, braucht es die Verbindung jedes einzelnen Musikers zu seinem Selbst. Nur wenn jeder voll und ganz sich selbst über das Instrument zum Ausdruck bringt, schwappt die Energie zu den anderen Musikern und schließlich auch zum Publikum. Musik oder auch andere Arten der Kunst sind eigentlich nichts anderes als reine Ausdrucksformen eines Selbst. Gegenseitige Inspiration ist wichtig und fördert unsere Entwicklung, und darum braucht es eine gesunde Balance zwischen Alleinsein und dem Zusammensein mit anderen Menschen.

Ich habe bei fast jedem Konzert eine Hühnerhaut, wenn der Funke überspringt, weil dieses unglaubliche Kräftespiel zwischen etwas Wunderbarem geben und viel Wunderbares zurückzubekommen, einfach den Energielevel am entsprechenden Ort ansteigen lässt. Ein gutes Konzert kann uns kollektiv inspirieren, etwas, was aus der Inspiration eines einzelnen Menschen heraus entstanden ist. So ist es ebenfalls mit vielen anderen Dingen in unserem Leben, auch im Berufsalltag kann die »Gruppendynamik« kollektive Kräfte freisetzen. Dafür braucht es aber authentische Personen in der Gruppe, die sich trauen, für ihre Ideen einzustehen und sie der Gruppe mitteilen wollen. Mitläufer in der Gruppe bringen keine neuen Ideen, aber sie sind genauso wichtig, damit der Energielevel ansteigen kann. Ohne ihre Begeisterung für die Ideen der anderen kann keine Gruppendynamik entstehen. Manchmal bist du vielleicht der Ideengeber und beim nächsten Mal der »Mitläufer«, was keinesfalls schlecht ist. Ein gesundes Wechselspiel in der Gruppe, Familie, Partnerschaft oder Freundschaft ist die Basis für eine lange Zusammenarbeit.

Also noch einmal zurück zu dir selbst! Hab Mut, für dich einzustehen. Hab Mut, dich selbst zu verwöhnen und dein Glück zu leben. In deinem Inneren bist nur du, nur du allein. Niemand anderes kann dir helfen, glücklich zu werden. Wenn du dein Glück vermehren willst, dann musst du deine Selbstliebe vermehren. Nur wenn du dich selbst annimmst und liebst, so wie du bist, dich selbst genießen kannst, kannst du mehr Glück für dich selbst erwarten und es dann auch mit deinem Umfeld teilen. Wenn du mit dir selbst sein kannst, wirst du die Zeit mit deinem Umfeld viel intensiver, offener, bewusster und freier genießen können. Du hast dann keine Erwartungshaltung mehr, sondern genießt einfach die Gesellschaft und die Gemeinsamkeiten, die ihr im Moment teilt. Weil du gelernt hast, mit dir allein glücklich zu sein, trittst du deinen Mitmenschen mit keiner Erwartungshaltung mehr gegenüber.

Es liegt nur an dir, akzeptiere diese Tatsache. Du allein kannst beginnen, dein Glück aus dir selbst zu ziehen, anstatt es außerhalb von dir zu erwarten und zu suchen. Höre auf mit der ständigen äußeren Ablenkung durch ununterbrochene Gesellschaft und der ständigen Vernetzung im Internet. Finde die Balance zwischen mit dir selbst sein und dich von der Gesellschaft, vom Netz inspirieren zu lassen. Dich einsam fühlen kannst du nur, wenn du vom Alleinsein wegrennst. Akzeptiere und genieße die Momente des Alleinseins, es ist dein natürlicher Zustand, und renne nicht immer vor dir selbst davon oder suche dich in deinen Mitmenschen. Werde dir selbst bewusst, und dass nur du es bist, der für dein Glück verantwortlich ist. Es kann dir ein Mensch einen Ferrari schenken, aber ob du dann wirklich glücklicher bist, entscheidest nur du. Vielleicht wolltest du viel lieber ein Fahrrad.

Verbringe jeden Tag etwas Zeit mit dir allein, lass dich dich selbst verwöhnen, und wenn das nur geschieht, indem du dir in der Zeit bewusst wirst, wenn du in dich gehst und spürst, wie gut du dich anfühlst. Fühle, wie frei du dich anfühlst, wenn du bei dir bist. Du musst keinem anderen Menschen in dem Moment etwas erfüllen, ermöglichen oder ihn zufriedenstellen. Es geht in den Momenten nur um dich, und du wirst feststellen, dass du deine eigene Glücksquelle bist.

Finde die Balance zwischen Sein und Tun, so entfaltest du dein Sein durch dein Tun.

Sei erwartungslos dir gegenüber und du wirst erkennen, dass du auf nichts warten musst. In dir ist das gesamte Potenzial, um Glück zu erfahren. Aber wie schon mehrmals gesagt, kapsle dich nicht zu sehr ab. Denn du bist glücklich, wenn du allein sein kannst, aber es nicht sein musst.

Sobald du allein sein kannst, wirst du nicht nur dich selbst tiefer erfahren, sondern du wirst auch dein Umfeld intensiver erleben und neu kennenlernen. Dein Leben wird bewusster und ich verspreche dir, du wirst glücklicher sein, ohne etwas erreichen, kaufen oder erleben zu müssen, einfach nur, weil du du selbst bist und dich hast.
Ich wünsche dir eine gute Lebensreise und vor allem ein gutes Ankommen bei dir selbst!

Dein Pirmin

*Es gehört schon eine Menge Mut dazu,
schlicht und einfach zu erklären, dass der Zweck des Lebens
ist, sich seiner selbst zu erfreuen.*
LAO TZU

Dank

Ich möchte mich bei allen Menschen bedanken, die mit diesem Buch in Verbindung stehen. Meine Familie, meine Freunde, Bekannte und alle andere Begegnungen in meinem Leben haben ihren Beitrag zu diesem Buch geleistet. Die Erfahrungen, die ich mit euch sammeln darf und alle eure Inspirationen geben mir die Impulse zum Schreiben. Ein besonderer Dank gilt folgenden Personen und Unternehmen, die direkt mit diesem Buch in Verbindung stehen:

- Ich danke dir, meine Verlegerin Sabine Giger, für deine bedingungslose Unterstützung. Dein Glaube in mich fördert mein Tun und ich weiß, wir werden noch viele weitere tolle Projekte zusammen ins Leben rufen.
- Meiner Lektorin Monika Rohde für die passenden Inputs und Korrekturen.
- Der Hauptmann und Kompanie Werbeagentur AG für den schönen Umschlag.
- Der Fotografin Andrea Diglas und dem Fotografen Herbert Zimmermann für eure schönen Fotos für meinen Umschlag und die Kampagnen.

Dank

- An Philippe Aenishänslin und Sacha Willemsen für die einmalige Zusammenarbeit und die unaufhaltsame Inspiration in unserem Unternehmen.
- Maya & Andrew R. Jones, dem Hotel Wetterhorn mit Claudia Orlando, Christoph Emmenegger und Kevin Odermatt, Nathalie Bertorello und allen lieben Menschen in Pampelonne-Ramatuelle für die Unterkunft und Verköstigung während meiner Schreibzeiten.
- An Jan Dettwyler, Ilan Kriesi und Lena Fischer für die tolle Zusammenarbeit. Es macht einfach nur Spaß, mit euch zusammen in einem so professionellen Umfeld tätig sein zu dürfen.
- Albi Christen für die ständige Begleitung und Unterstützung in meinen Projekten.
- Ich danke Dani und seinen BegleiterInnen, dass ihr mich auch wieder zu diesem dritten Buch inspiriert habt.
- Und ich danke meiner Frau Bianca für ihre bedingungslose Liebe, und dass wir uns immer genug Raum lassen, um allein sein zu können. Ich liebe dich!

Und ich danke dir als Leser!

In Liebe
euer Pirmin

Über den Autor

Pirmin Loetscher wurde 1978 in Luzern geboren und lebt heute im Kanton Nidwalden in der Schweiz. Er arbeitet seit vielen Jahren selbstständig als Kultur- und Eventmanager für große nationale Musik-, Kultur- und Businesseventprojekte.

Im Jahr 2002 hat ihn eine längere Krankheit zum autogenen und Mental-Training geführt. Er absolvierte dazu einige Ausbildungen. Seitdem arbeitet er auch als erfolgreicher Personal- und Businesscoach.

Seine Firma »Life Inspired Values AG«, mit Seminaren und Vorträgen in Firmen vertreten, ist ein Beratungsunternehmen, das sich auf den Menschen konzentriert. Die Firma arbeitet nach dem LIV Prinzip, das die drei Dimensionen Leben, Inspiration und Werte in Balance bringt, damit Organisationen, Unternehmen und Mitarbeiter von innen heraus wachsen können.

www.lifeinspiredvalues.com
www.pirminloetscher.com

Sie wuchs in tiefster Armut auf und war zeitweise obdachlos. Während ihrer Kindheit lernte die Ex-Miss Schweiz, Bianca Sissing, früh, was es heißt, ums Überleben zu kämpfen. Als sie acht Jahre alt war, wies man ihre Mutter wegen schwerer Depression in eine Klinik ein. Das Mädchen war neun, als beide obdachlos wurden und mit dreizehn war Bianca mit ihrer Mutter schon mehr als zwanzig Mal umgezogen.

Solche Umstände blieben nicht ohne Folgen, sie erkrankte schwer, hörte aber nie auf zu glauben, dass sie es schaffen könnte, für sich ein besseres Leben aufzubauen. Der unerschütterliche Glaube an die universelle positive Energie half ihr, die Vergangenheit zu überwinden, sich von ihrer traumatischen Kindheit zu lösen und ihr Leben so zu gestalten, wie sie es sich erträumt hatte.

Bianca Sissing
Ich glaubte immer an die Kraft in mir
Wie meine Kindheit in Armut mein Leben positiv prägte
ISBN 978-3-905958-83-6

www.gigerverlag.ch

In seinem ersten Buch beschreibt der Autor, wie wir mit ausgeglichener innerer Balance ein erfülltes Leben führen können.

»*Im Moment der Annahme und des Loslassens erfahren wir die absolute und bedingungslose Liebe. Sie ist die Grundlage und die Ausdrucksform der Schöpfung, des Seins und des harmonischen Ichs.*«

Mit vielen Beispielen und Übungen wird der Leser unkompliziert und einfach zur eigenen Persönlichkeit geführt, um sich mit seinen Ängsten und Zweifeln sowie dem Sinn des Lebens auseinanderzusetzen, damit er ein erfülltes und glückliches Leben führen kann.

Pirmin Loetscher
Annehmen und Loslassen
Mit innerer Balance zu einem erfüllten Leben
ISBN 978-3-905958-50-8

www.gigerverlag.ch

Das LIV Prinzip zeigt, wie wir unser Leben erfüllen und uns gleichzeitig in unserem Tun entfalten können. Dabei gilt es die Balance zu finden, und mit innerer Inspiration und eigenen Werten unsere Arbeit zu definieren. Work-Life-Balance ist Geschichte. Die Zeit ist reif, dass wir uns nicht mehr über unseren Beruf, sondern, unseren Beruf über uns definieren. Dazu braucht es keine Getrenntheit, sondern Achtsamkeit und Balance. Das LIV Prinzip kann von jedem angewendet werden: Ob Hausfrau, Arbeitnehmer oder Manager. Es geht immer nur um eins: Um den Menschen!
Im Buch wird anhand einfacher Beispiele gezeigt, wie das LIV Prinzip funktioniert. Er fordert den Leser zu einfachen Übungen auf, sich auf den eigenen Weg zu begeben, sein Leben zu erfüllen und sich durch sein Tun zu entfalten.

Pirmin Loetscher
Das LIV Prinzip
Mit Achtsamkeit zur ganzheitlichen Lebensentfaltung
ISBN 978-3-905958-51-5

www.gigerverlag.ch

In der Fortsetzung seines ersten Buches *Stressfrei glücklich sein* beschreibt Bestsellerautor Alain Sutter, wie wir in allen Lebenslagen Stress reduzieren und unser körperliches Wohlbefinden steigern können.

Er berichtet anhand von Beispielen aus seiner Praxis als Coach, wie er Menschen begleitet, ein rundherum glückliches Leben zu führen, u. a. mit Messungen der Herzratenvariabilität (HRV), die zeigt, wie unser Organismus mit unserem Herzen kommuniziert und die Sprache des Herzens sichtbar macht. Das Buch enthält Übungen und Anleitungen für Atemtechniken, die das Lebensgefühl und Wohlbefinden steigern können.

Alain Sutter
Herzensangelegenheit
ISBN 978-3-906872-00-1

www.gigerverlag.ch